INVENTAIRE
F 38,297

FACULTÉ DE DROIT DE PARIS.

THÈSE

POUR

LE DOCTORAT

SOUTENUE

par

Albert LAVAL,

AVOCAT.

PARIS,
CHARLES DE MOURGUES FRÈRES, SUCCESSEURS DE VINCHON,
Imprimeurs-Éditeurs de la Faculté de Droit de Paris,
RUE JEAN-JACQUES-ROUSSEAU, 8.

1861.

F

FACULTÉ DE DROIT DE PARIS.

THÈSE

POUR LE DOCTORAT.

DU VOL

EN DROIT ROMAIN ET EN DROIT FRANÇAIS.

L'acte public sera soutenu, le lundi 26 août 1861,
à trois heures,

Par M. ALBERT LAVAL, avocat, né à Paris.

Président, M. BONNIER, Professeur.

Suffragants :	MM. PELLAT, DURANTON,	Professeurs.
	LABBÉ, VERNET,	Agrégés.

Le Candidat répondra aux questions qui lui seront faites sur les autres matières de l'enseignement.

PARIS,
CHARLES DE MOURGUES FRÈRES, SUCCESSEURS DE VINCHON,
IMPRIMEURS-ÉDITEURS DE LA FACULTÉ DE DROIT DE PARIS,
Rue J.-J. Rousseau, 8.
1861.

BIBLIOTHÈQUE IMPÉRIALE IMPR.
S152507
389

A LA MÉMOIRE DE MON PÈRE.

DROIT ROMAIN.

INTRODUCTION.

Dès qu'une réunion d'hommes forme un commencement de société, l'idée de propriété prend naissance. Bientôt, ce que chacun a acquis, il sent le besoin de le défendre contre l'agression, et il s'adresse au pouvoir social pour obtenir la garantie de ses droits. C'est ce qui explique pourquoi partout, même à des époques d'une civilisation peu avancée, des peines sévères sont édictées contre ces violations du droit de propriété, dont le vol est la manifestation la plus éclatante, la plus brutale et la plus dangereuse. Partout la législation pénale frappe à la fois les attentats contre la propriété et les attentats contre les personnes, répondant en cela et à une nécessité sociale et à cette voix de la conscience qui dit que la vie et la fortune d'autrui doivent être également sacrées : car, ainsi que l'a écrit Cicéron (1) : « *Illud natura non patitur, ut aliorum spoliis nostras facultates, copias, opes augeamus.* »

La loi de Moïse infligeait au voleur une peine pécuniaire, qui variait du quadruple au quintuple, suivant les cas : elle permettait en outre le meurtre du coupable pris en flagrant délit, après le coucher du soleil. A Athènes, la sévère législation de Dracon punissait de mort toute espèce de vol : à cette pénalité excessive, Solon substitua une peine pécuniaire du double.

L'histoire nous montre cependant certains peuples de l'antiquité chez lesquels le vol était impuni ; mais il ne faut pas croire que cette impunité fût absolue, et attribuer à ces bizarreries une importance qu'elles ne doivent pas avoir. Chez les Égyptiens, l'exercice du vol constituait une sorte de profession autorisée et réglementée. Ceux qui voulaient s'y adonner devaient s'adresser à un magistrat spécial, auquel ils étaient tenus d'apporter les produits de leur singulière industrie : les objets volés étaient ensuite rendus à leurs propriétaires, déduction faite d'un quart de la valeur, destiné à récompenser l'adresse du voleur en punissant la négligence du volé. A Sparte, Lycurgue avait autorisé le vol, mais non pas d'une manière absolue. Plutarque nous apprend que le vol n'était permis qu'aux jeunes Lacédémoniens, à certaines époques de l'année, et pour des objets déterminés. C'était une sorte de prime accordée à l'adresse et à l'agilité, car le voleur maladroit qui se laissait prendre était frappé de verges. On voit que ces deux bizarreries législ-

(1) De officiis, III, 5.

latives n'avaient pas la portée que leur ont donnée quelques écrivains, et nous sommes fondé à dire que tous les peuples ont protégé contre les cupidités individuelles le droit de la propriété.

Nous allons étudier successivement le vol en droit romain et en droit français, et nous croyons que le rapprochement des deux législations sur cette matière ne sera pas dénué d'intérêt. Sans doute, nous n'avons pas fait au droit criminel de Rome des emprunts aussi notables qu'à son droit civil. Le principe de la pénalité, en effet, a complètement changé. A Rome, le vol est un délit privé dont la répression est poursuivie au nom et dans l'intérêt de la partie lésée : chez nous, c'est un délit qui frappe la société tout entière, et qui est puni au nom de la société. Mais, à un autre point de vue, si l'on considère les éléments constitutifs du délit, les différentes formes qu'il peut revêtir, les conditions nécessaires de son existence, on trouvera là, comme dans les autres parties du droit, des traces éclatantes de cette sûreté de jugement, de cette sagacité, de cette rectitude merveilleuse qui recommanderont éternellement les ouvrages des jurisconsultes romains aux sérieuses méditations du légiste et du philosophe.

CHAPITRE I.

DES ÉLÉMENTS CONSTITUTIFS DU VOL.

Le jurisconsulte Paul a donné deux définitions du vol : l'une, dans ses *Sententiæ* (Liv. II, tit. 31, § 1) : « *Fur est qui dolo malo rem alienam contrectat;* » elle s'applique parfaitement à l'idée que nous attachons dans notre droit à ce délit, mais elle est incomplète au point de vue des principes romains sur la matière. L'autre, insérée au Digeste (1), est ainsi conçue : « *Furtum est contrectatio rei fraudulosa, lucri faciendi gratia, vel ipsius rei, vel etiam usus ejus, possessionisve* (2). » Cette définition nous servira de guide pour arriver à déterminer d'une manière précise dans quels cas il y a vol. En la décomposant, on y trouve trois éléments parfaitement distincts : la *contrectatio*, une intention frauduleuse et cupide, un objet sur lequel puissent porter le fait et l'intention. Telles sont en effet les conditions essentielles pour que le vol existe. Nous allons les examiner successivement.

§ 1. — *Contrectatio.*

Le mot *contrectatio*, par lequel les Romains expriment le fait matériel du vol, n'a pas de traduction exacte dans notre langue : c'est une sorte de mainmise, mais sans qu'il faille nécessairement supposer un déplacement. En effet, lorsque le voleur est surpris au moment où il s'empare de la chose, et avant qu'il ne l'ait enlevée, le délit est certainement consommé (3). Mainmise, attouchement, maniement, sont des reproductions de l'idée de

(1) D., L. 1, § 3, De furtis, XLVII, 2.

(2) Justinien a reproduit dans les Institutes (IV, 1, § 1), la définition de Paul, mais il en a retranché les mots *lucri faciendi gratia*, qui en sont le complément nécessaire.

(3) L. 3, § 2, h. t.

Doneau, que *contrectare*, c'est *rem tractare manibus;* et cette idée, qui se justifie dans la plupart des cas, n'est pas elle-même d'une exactitude rigoureuse. En effet, la loi 67, *in pr. De furtis*, nous dit qu'il y a vol de la part du dépositaire qui a l'intention de s'approprier le bijou déposé, bien qu'il ait, par exemple, laissé ce bijou dans le coffre qui le renfermait. Il est donc permis de dire qu'à la différence de notre droit, le droit romain n'admettait pas que le vol dût comporter nécessairement un fait matériel. Nous n'avons trouvé dans aucun commentateur une définition de la *contrectatio* qui nous ait complètement satisfait, et nous croyons que pour en donner une paraphrase qui puisse s'appliquer à toutes les hypothèses, il faut arriver à dire que la *contrectatio* est le détournement de l'affectation qu'une chose a reçue.

Le vol ne peut résulter d'une menace soit verbale, soit écrite (1), et l'intention, quelque évidente qu'elle soit, ne peut suffire à l'existence du délit, quand la *contrectatio* ne l'a pas suivie (2). C'est ainsi que l'homme qui est entré dans une chambre pour commettre un vol, et qui est surpris avant d'avoir mis la main sur l'objet, pourra être tenu, suivant les circonstances, de l'action d'injures ou de l'action de violence, mais non pas de l'action de vol (3). De même le dépositaire, qui de mauvaise foi nie le dépôt, ne commet pas un vol, si ce n'est pas avec l'intention de s'approprier l'objet qu'il le dissimule; car il ne commet aucun détournement : « *Nec enim fur-*

---

(1) L. 52, § 19, h. t.
(2) L. 1, § 1, h. t.
(3) L. 21, § 7, h. t.

tum est ipsa inficiatio, licet prope furtum est (1). » Nous trouvons des décisions semblables pour le mandataire qui refuse de restituer à son mandant, et pour celui qui vend sciemment la chose d'autrui (2); ces deux personnes seront tenues, l'une de l'action de mandat, l'autre de l'action de dol; mais on ne donnera pas contre elles l'action *furti*, si ce n'est pas par un vol que la chose est venue en leurs mains.

Voici une autre application de la même idée : Un individu se présente à moi, au nom de Titius, dont il se dit faussement le procureur, et je lui souscris une obligation : il n'y a pas vol, parce qu'il n'y a pas d'objet sur lequel le détournement ait pu porter.

Les anciens jurisconsultes discutaient sur la question de savoir si le voleur qui avait soustrait la moitié d'un tas de blé devait être poursuivi pour cette moitié seulement ou pour le tout; mais la première opinion avait prévalu, et c'était en effet la seule conforme à l'idée de la *contrectatio* (3). Mais il en était autrement quand il s'agissait d'un objet formant un tout indivisible, et celui qui dérobait un vase dont l'anse lui appartenait était tenu pour la valeur intégrale, sans déduction pour la partie dont il était propriétaire (4).

Une participation immédiate au détournement est nécessaire pour qu'il y ait vol. Ainsi, Mævius vient me réclamer une somme que je ne lui dois pas, mais que je

(1) L. 67, pr., l. 1, § 2, h. t.
(2) L. 6, De furtis et servo corrupto, Code, VI, 2.
(3) L. 21, pr., § 5 et 6, h. t.
(4) L. 21, § 4, h. t.

crois lui devoir, et la délègue à Titius : après avoir payé à ce dernier, je découvre la fraude; pourrai-je intenter l'action de vol contre Mævius? Oui, s'il a été présent au moment du payement; non, dans le cas contraire, parce qu'il n'y a pas eu *contrectatio* de sa part, et je ne pourrai agir contre lui que *de dolo malo* (1).

Assidua contrectatione furis non magis furti actio nasci potest: Une fois le délit accompli, l'action est acquise et le voleur est tenu envers celui qui a le droit de le poursuivre et envers celui-là seul : la détention plus ou moins longue de l'objet volé, les accroissements même survenus à cet objet, ne peuvent donner ouverture à une autre action : seulement, ces accroissements amplifieront l'objet de l'action originaire (2). Mais il ne faut pas donner à ce principe une portée trop absolue . il peut arriver, en effet, que le voleur soit tenu de deux actions vis-à-vis du propriétaire. Supposons que la chose volée, après être revenue aux mains du propriétaire, soit soustraite une seconde fois par le même malfaiteur : celui-ci sera tenu d'une double action, l'une pour le premier délit, l'autre pour le second (3). Il faut remarquer en effet que le retour de la chose au pouvoir du propriétaire, retour qui produit des effets importants au point de vue de l'usucapion, n'a pas pour résultat de libérer le voleur.

Il peut également se faire que le voleur soit poursuivi par un autre que celui au profit duquel s'est ouverte primitivement l'action, ou que l'héritier de celui-ci. C'est ce

---

(1) L. 43, § 2, h. t.
(2) L. 9, pr., h. t.
(3) L. 46, § 9, l. 56, pr., h. t.

qui a lieu, si postérieurement au vol le propriétaire a changé (1).

§ 2. — *Intention.*

Il n'y a pas vol, toutes les fois qu'il n'y a pas intention de voler. Cette intention suppose elle-même deux choses, qui sont indiquées par la loi 1, § 3, *De furtis :* d'abord que le coupable agit dans un but frauduleux, ensuite qu'il veut se procurer un bénéfice au moyen de son délit.

A la différence de ce qui se passe dans le cas de la loi Aquilia, la simple faute ne suffit pas en notre matière : la fraude est nécessaire pour qu'il puisse y avoir lieu à l'action de vol. Il peut donc y avoir disposition de la chose d'autrui sans qu'il y ait vol. Ainsi, le créancier à qui une chose a été engagée, ne commet pas un vol en l'emportant (2). S'il s'en empare de force, il est tenu de l'action *vi bonorum raptorum* (3), mais à raison de la violence, et non pas de l'enlèvement. Si, après avoir été payé, il refuse de rendre le gage, il ne devient voleur que s'il le dissimule pour se l'approprier (4).

On peut dire en général qu'il n'y a pas vol toutes les fois que l'auteur de la soustraction se croit propriétaire. Prenons un exemple. On sait que le part d'une esclave appartient non à l'usufruitier, mais au propriétaire. Que

---

(1) L. 47, l. 56, pr., h. t.
(2) L. 55, h. t.
(3) L. 3, Vi bonorum raptorum (Code, IX, 33).
(4) L. 52, § 7, h. t.

va-t-il arriver si l'usufruitier, se trompant sur l'étendue de son droit, aliène le part à son profit? Comme il n'a pas voulu commettre un dol, comme il a agi sous l'empire d'une erreur, il ne sera pas tenu de l'action de vol. Cette décision, qui est écrite aux Institutes et au Digeste (1), paraît en contradiction avec cette maxime, vraie surtout en droit pénal, que nul n'est censé ignorer la loi. Mais il ne faut pas donner à cette maxime une étendue qu'elle ne comporte pas. Sans doute nul ne serait admis à dire : j'ignorais que le vol fût défendu : ce serait pour les voleurs un moyen de justification trop facile; mais on peut dire : je me suis trompé sur l'étendue de mon droit, je ne savais pas qu'on distinguât, au point de vue de l'usufruit, le part d'un animal de celui d'une esclave.

L'erreur de droit suffit donc pour faire écarter la fraude; mais bien entendu il faut, comme l'erreur de fait, qu'elle soit plausible. L'erreur de fait, quand elle est établie, empêche toujours l'existence du vol. Ainsi, toutes les fois que je dispose de la chose d'autrui, croyant que le propriétaire m'autoriserait à le faire, que cette chose ne fût pas en mes mains, ou que je l'eusse déjà en vertu d'un commodat, je ne tombe pas sous le coup de l'action de vol (2). Tout au plus, si l'usage que j'en ai fait a été préjudiciable, serai-je passible d'une action *in factum*, ou de l'action *commodati*. Si j'étais dépositaire, mon erreur sur le consentement du déposant le désarmerait entièrement contre moi : il ne pourrait me poursuivre

---

(1) Gaïus, Comm., II, § 50. — Institutes, II, 6, § 6, De usucapionibus. — D., l. 36, § 1, De usurp. et usucap., XLI, 3.
(2) L. 76, pr., l. 46, § 7; L. 52, § 20, h. t.

ni par l'action pénale, puisque je n'ai pas eu une pensée de fraude, ni par l'action du contrat, puisque le dépositaire ne répond que de son dol.

Quelle est l'influence de l'erreur de fait au cas de jet de mer? La loi 43, § 11, *De furtis*, dit qu'en principe celui qui recueille les objets abandonnés aux flots et qui les garde ne commet pas un vol, parce que la présomption la plus naturelle, c'est que le capitaine qui a ainsi allégé son navire n'a pas conservé sur ces objets *l'animus dominii*. Sur cette question, Ulpien parait en désaccord complet avec tous les autres jurisconsultes et avec les Institutes, qui admettent la présomption contraire et assimilent ces objets à ceux qu'on laisserait sur un chemin pour les venir rechercher plus tard (1). Hotomann et Ferrière disent qu'Ulpien propose dans ce passage une opinion isolée : Connanus propose une conciliation qui a été acceptée par Pothier; dans les autres textes du Digeste et dans les Institutes, on parlerait du cas où la marchandise a été jetée à la mer non loin du rivage, cas auquel on peut raisonnablement espérer que la mer l'y rejettera; et cette espérance suffit pour que le propriétaire soit censé avoir conservé *l'animus dominii;* au contraire, dans la loi 43, Ulpien supposerait que l'abandon a eu lieu en pleine mer, circonstance qui fait qu'on ne doit plus s'attendre à retrouver jamais la chose abandonnée. Cette opinion nous parait bien conjecturale : les textes, sans s'y refuser positivement, ne lui prêtent aucun appui : nulle part cette distinction n'est indiquée;

---

(1) L. 9, § 8, De acquir. rerum dominio, D., XLI, 1. — L. 2, § 8, l. 8, De lege rhodia de jactu, D., XIV, 2. — Institutes II, 1, § ult.

et nous admettons difficilement que les autres lois prévoient toutes l'hypothèse à coup sûr la plus rare, celle d'une tempête assaillant le navire presque à l'entrée du port, et obligeant à se débarrasser ainsi de la cargaison. Peut-être est-il plus vrai de dire qu'Ulpien était d'un avis contraire à celui de Paul, Julien et Gaïus, dont les Institutes ont reproduit la doctrine.

En dehors de ce cas spécial, il est certain que toutes les fois qu'on s'approprie une chose qu'on croit abandonnée de son propriétaire, on ne commet pas un vol. Et la seule chose à considérer, c'est de savoir si on a eu ou non cette croyance et non pas si cette croyance était vraie ou fausse. Il ne faudrait donc pas croire qu'on pût sans délit prendre et garder des objets égarés, perdus sur la voie publique; du moment où une chose a un maître, que ce maître soit connu ou non, celui qui s'en empare de mauvaise foi, et sans intention de la restituer, commet un vol (1).

Il peut arriver cependant que, même en prenant une chose que je crois ne pas être abandonnée, je ne commette pas un vol, parce que, en réalité, le propriétaire y avait définitivement renoncé (2); mais cela tient à ce principe, sur lequel nous allons donner quelques développements, qu'il faut, pour l'existence de ce délit, que la volonté du propriétaire ait été méconnue.

En effet, dans l'esprit des jurisconsultes, la fraude se compose de deux éléments: l'intention et le fait; l'intention réside exclusivement dans la conscience de l'agent:

(1) L. 43, §§ 4, 6, 7, 8, 9, 10.
(2) L. 43, § 5.

mais le fait suppose la résistance, tout au moins morale, de celui au préjudice duquel il veut commettre un délit. *Volenti non fit injuria;* en d'autres termes, comme le dit Théophile dans sa paraphrase sur les Institutes, il faut que le délit cause préjudice à quelqu'un, *lædens aliquem.* Or, ce n'est pas souffrir un préjudice que d'être privé volontairement de la propriété, de l'usage ou de la possession d'un objet.

A-t-on reçu la chose *invito domino* ou *volente domino?* C'est ce qu'il faut examiner avant de décider si celui qui s'en est emparé de mauvaise foi a commis ou non un vol. Le consentement du propriétaire fait disparaître le délit (1). Cette décision n'avait pas été admise sans difficulté: Ulpien, dans ce texte, où il enseigne qu'elle a prévalu, déclare que Pomponius avait soutenu l'opinion contraire. Pomponius évidemment ne se préoccupait que de l'intention frauduleuse chez l'auteur du fait; les autres jurisconsultes tenaient compte de la question de savoir si le fait coupable avait véritablement porté atteinte aux droits du propriétaire, en lui enlevant malgré lui sa propriété.

Une espèce qui se rapproche de celle de la loi 46, § 8, et qui avait également soulevé de vives controverses était celle-ci: Vous engagez mon esclave à me voler tel objet: l'esclave me prévient, et je lui dis de prendre cet objet et de le porter chez vous. De quelle action serez-vous tenu? De l'action du vol ou de l'action *servi corrupti?* Certains jurisconsultes donnaient les deux actions; d'autres donnaient l'action de vol seulement, d'autres

(1) L. 46, § 8, De furtis.

enfin refusaient l'une et l'autre. A coup sûr la dernière décision était la plus logique ; en effet, vous n'aviez pas corrompu mon esclave, puisqu'il était venu me dénoncer votre tentative de corruption ; et il ne pouvait y avoir ni vol ni complicité, puisque j'avais consenti à l'enlèvement de l'objet et à sa remise entre vos mains. Cependant Justinien décide que ce conseiller perfide sera tenu des deux actions (1). Il faut punir, dit-il, ceux qui excitent les esclaves à des actions déshonnêtes. L'empereur obéit à une pensée très morale, mais il méconnait les principes de notre matière.

N'est pas censé consentir au vol celui qui l'ignore (2), ou qui ne s'y oppose pas, même pouvant l'empêcher. Labéon voyait dans cette abstention un consentement tacite ; mais Paul combat ce système : l'abstention peut en effet s'expliquer, soit par la peur, soit par la crainte révérentielle (3). Mais le consentement surpris par dol suffit pour que le délit n'existe pas. Ainsi, les mensonges sur son crédit, sur la destination qu'on veut donner à la chose, la promesse dolosive de fournir caution ou de payer comptant, tout cela ne suffit pas pour constituer un vol : on ne peut y voir que des manœuvres frauduleuses pouvant donner ouverture à l'action *de dolo* (4). L'esclave qui se fait prêter de l'argent en se disant libre, le fils de famille qui se fait passer pour être *sui juris*, ne commettent pas un vol (5). En effet, c'est volontairement que

(1) Inst., IV, 1, § 8. — L. 20, De furtis et servo corrupto, Code, VI, 2.
(2) L. 48, § 3, h. t.
(3) L. 91, h. t.
(4) L. 43, § 3, h. t.
(5) L. 52, § 15, h. t.

l'emprunteur leur a remis les fonds. Vous venez me vendre une chose qui appartient à autrui, et que je crois vôtre, et je vous en paye le prix : vous ne serez pas considéré comme voleur relativement aux écus que je vous ai donnés, car j'ai bien eu l'intention de vous en transférer la propriété (1). Mais celui qui a surpris le consentement du propriétaire en trompant soit sur son identité, soit sur la qualité dans laquelle il se présente, commet un vol. Plusieurs textes en donnent des exemples. Nous en citerons quelques-uns, afin de mieux faire comprendre ce que les Romains entendaient par le consentement, dans la matière qui nous occupe. Vous m'engagez à prêter de l'argent à Titius, que je sais être à son aise; mais à sa place vous m'amenez un autre Titius, qui est pauvre, et, trompé sur l'identité, je compte la somme. Si Titius est de mauvaise foi, il commet un vol dont vous êtes complice; car ce n'est pas lui, mais une autre personne, que je voulais avoir pour débiteur. Si au contraire il s'est prêté à votre fraude sans en avoir conscience, il ne sera pas tenu de l'action du vol et vous en serez également exempt; mais cela tient à un principe que nous établirons plus tard, à savoir que, pour qu'il y ait un complice, il faut qu'il y ait un auteur principal (2). Vous vous présentez à moi sous le nom du procureur de mon créancier ou de son héritier, et je vous paye ce que je dois : ce n'est pas à vous que je voulais payer, vous êtes voleur (3). Il en sera de même si, ayant entendu

---

(1) L. 52, § 17, h. t.
(2) L. 52, § 21, h. t.
(3) L. 80, § 6, h. t.

Titius me prier de remettre du blé à quelqu'un qui se présenterait en son nom, vous venez vous disant envoyé par lui (1). On retrouve bien ici l'idée de détournement de l'affectation donnée à la chose. Le vol porte ici plutôt sur la destination de l'objet que sur l'objet lui-même. Ce blé que je vous ai remis, je m'en suis dessaisi volontairement, mais je ne voulais m'en dessaisir que pour me libérer par là de mon obligation. Cela est si vrai que, transportées chez nous, les espèces que nous venons de citer constitueraient des escroqueries et non des vols; mais le *furtum* romain, que nous traduisons par notre mot vol, a une acception bien plus large que ce dernier, puisqu'il comprend des actes dont nous avons fait des délits particuliers.

Citons encore un exemple qui nous paraît venir à l'appui de cette idée: vous vous donnez faussement comme le procureur de mon créancier, et je vous compte l'argent; nous venons de voir que, d'après la loi 80, § 6, vous commettez un vol. La loi 43, § 1, de notre titre, fait une distinction. Vous ai-je remis la somme pour que vous la portiez à mon créancier, comme un commissionnaire? Il y a vol, car vous ne donnez pas à cette somme la destination que je me proposais. Ai-je voulu au contraire vous en transférer la propriété? Le délit disparaît, car cette somme devient votre propriété, et telle était mon intention. Cette distinction de Nératius est, il faut le reconnaître, un peu subtile ; mais elle cadre le mieux du monde avec l'idée que nous nous faisons du consentement chez le propriétaire, et de la nécessité que la chose volée soit

(1) L. 52 § 11, h. t.

détournée de son affectation spéciale. Et les autres textes qui déclarent que le prétendu mandataire commet un vol supposent tous qu'on n'a pas voulu l'investir de la propriété (1).

On peut soustraire une chose dans une intention coupable, et malgré le propriétaire, sans commettre un vol. Il faut en effet, comme nous l'avons dit plus haut, une pensée cupide chez l'auteur du fait; si donc on a agi par méchanceté, par envie de nuire, par vengeance, sous l'empire d'une passion quelconque et sans vouloir s'enrichir par son délit, le fait change de caractère, et ne donne plus lieu à l'action *furti* (2), mais à l'action d'injures ou à celle de la loi Aquilia. Mais peu importe qu'on veuille procurer un gain à un tiers et non pas à soi-même : *species enim lucri est, ex alieno largiri*, dit Gaïus, *et beneficii debitorem sibi acquirere* (3).

Comme conséquence de cette idée, il faudrait dire que, lorsqu'on a enlevé une esclave, non pour se l'approprier, mais pour la faire servir à ses passions, on ne commet pas un vol. C'est en effet ce qu'enseigne Ulpien (4), quand il s'agit d'une esclave de mauvaise vie (*meretrix*). Les sentences de Paul donnent cependant une décision opposée (5), mais il est permis de penser avec Pothier, qu'il faut lire dans ce texte : « *Qui non meretricem*, etc.; »

---

(1) L. 52, § 16, h. t. — L. 38, § 3, D., De noxalibus actionibus, IX, 4. — L. 7 et l. 19 (Code, De furtis et servo corrupto, VI, 2).

(2) L. 52, § 13, h. t. — L. 41, § 1, D., Ad legem Aquiliam, IX, 2.

(3) L. 54, § 1, h. t.

(4) L. 39, h. t.

(5) Sent. Paul, II, 31, § 12 : « Qui meretricem libidinis causa rapuit et celavit, eum quoque furti actione teneri placuit. »

et qu'il s'applique à une esclave qui n'est pas livrée à la prostitution. La correction est d'autant plus plausible, que, dans la loi 82, § 2, *De furtis*, le même jurisconsulte parle de l'esclave qui n'est pas *meretrix*, et dit que le ravisseur sera considéré comme voleur, lors même qu'il prétendrait ne l'avoir enlevée que pour satisfaire son libertinage. Ainsi, dans ce cas particulier, on considérait la moralité de l'esclave, et on en tirait une présomption qui faisait admettre le vol, quand ce n'était pas une prostituée, et qui permettait de prouver l'existence d'une autre *causa faciendi*, dans l'hypothèse contraire. Pourquoi ces présomptions particulières? Elles se rattachent sans doute à l'importance qu'avait chez les Romains la propriété des esclaves, et avaient été déterminées par cette considération, que les voleurs n'auraient jamais manqué de prétendre qu'ils avaient agi par libertinage, et non par cupidité.

De tout ce que nous avons dit sur l'intention de voler, il résulte que les personnes qui n'ont pas conscience de leurs actes, ne pouvant avoir l'*affectus furandi*, ne sauraient être traitées comme voleurs. Le fou qui n'a pas de volonté, l'enfant ne seront jamais tenus de l'action *furti*. Nous disons l'enfant et non l'impubère, parce que ce dernier s'oblige par ses délits lorsqu'il est *doli capax*, c'est-à-dire *pubertati proximus* (1). Mais, si on ne peut intenter contre l'enfant les actions pénales du vol, on peut réclamer contre lui l'objet volé au moyen de la *condictio*, quand le vol a été commis par celui dont il est héritier nécessaire (2).

---

(1) L. 23, l. 24, h. t. — L. 40, l. 117, De regulis juris, L. 17.

(2) L. 2, De condictione furtiva, XIII, 1.

§ 3. — *Objet.*

Peuvent faire l'objet d'un vol toutes les choses mobilières dont un tiers a la propriété, l'usage ou la possession.

Il est vraisemblable que, dans l'origine, les Romains, attachant à l'idée de vol celle de soustraction, de déplacement, n'admirent pas la possibilité de voler des immeubles. Plus tard, quand on eut admis qu'un commodataire ayant déjà la chose en sa possession, pouvait cependant la voler, Sabinus et les jurisconsultes de son école, voyant que vol et déplacement n'étaient pas synonymes, enseignèrent que les immeubles pouvaient être volés comme les meubles; mais les Proculéiens résistèrent à cette tendance et leur opinion prévalut (1). Ils s'appuyaient sur l'étymologie du mot *furtum* (*ferre*, emporter), et sur cette raison qu'il est impossible de cacher, de faire disparaître un immeuble, et que par conséquent le propriétaire dépossédé peut toujours le revendiquer utilement.

Mais si un immeuble n'est pas susceptible d'être volé, il en est autrement de ce qu'on peut en détacher: fruits, arbres, pierres et autres dépendances du fonds (2)

Pour qu'une chose puisse être volée, il faut qu'elle soit possédée par quelqu'un; il n'y a pas de vol s'il n'y a pas un tiers qui en souffre. Les choses *nullius* ne peu-

---

(1) L. 25, pr., h. t.; l. 38, D., De usurp. et usuc., XLI, 3. — Institutes, II, 6, De usucapionibus, § 7.

(2) L. 25, § 2; l. 26, § 1; l. 57, h. t.

vent donc pas faire l'objet de ce délit (1). Ainsi, l'action ne pourra pas être intentée contre celui qui se sera, même de mauvaise foi, emparé d'un objet abandonné par le propriétaire (2). Il en sera de même si la chose détournée fait partie d'une hérédité non encore possédée (3); l'hérédité ne peut être investie de la possession qui suppose à la fois l'intention et le fait; et, comme elle ne peut transmettre à l'héritier ce qu'elle n'avait pas elle-même, l'héritier ne commence à posséder que quand il a effectivement les choses héréditaires en sa possession. Jusque là, pas de vol possible, puisqu'il n'y a pas de possesseur. Aussi avait-on introduit pour les détournements commis dans ces circonstances une action spéciale, l'action *expilatæ hereditatis*, que l'on suivait, *extra ordinem*, devant le préfet de la ville à Rome, et en province devant les présidents.

Les observations que nous venons de présenter avaient amené les jurisconsultes à se demander si l'esclave légué, venant à être soustrait avant que l'héritier en eût jamais pris possession, pourrait être usucapé. Le doute naît de ce que l'héritier n'aurait point l'action *furti*. Julien, confirmant le sentiment exprimé par Sabinus, après avoir posé en principe que l'usucapion des choses enlevées n'est interdite qu'autant que l'action *furti* peut être exercée, décide implicitement que cette usucapion n'aura pas lieu si le vol s'est effectué à une époque où le

(1) L. 26, pr., h. t. — L. 5, § 3, D., De acq. rerum dom., XLI, 1.
(2) L. 43, § 5, h. t.
(3) Paul. Sent., II, 31, § 11. — L. 1, § 15: D., Si is qui testam. liber, XLVII, 4. — L. 2, § 1 et l. 6, D., Expilatæ hereditatis, XLVII, 19.

légataire d'usufruit aurait été déjà en mesure de jouir; car alors il aurait l'action *furti*. A plus forte raison l'usucapion sera-t-elle impossible, si le vol a été accompli à une époque où déjà l'usufruitier aurait commencé à exercer son droit, parce que, dans cette hypothèse, l'héritier lui-même, considéré comme possédant par l'entremise du légataire, pourrait intenter l'action *furti*. En dehors de ces deux espèces, la chose ne serait pas furtive, et conséquemment pourrait être usucapée (1).

Il suffit, pour qu'une chose puisse être volée, qu'elle soit possédée naturellement; nous venons de le voir pour la chose héréditaire dont l'usufruit a été légué : il en est de même si le défunt l'avait prêtée ou donnée en gage; la possession du commodataire ou du gagiste suffit, non-seulement pour leur donner l'action, mais encore pour la donner à l'héritier (2). Il suffit également que quelqu'un ait sur la chose l'*animus possidendi;* ainsi le commodant pourra intenter l'action de vol pour la chose soustraite après le décès du commodataire, bien que cette soustraction, étant faite au préjudice d'une hérédité, ne puisse donner l'action à l'héritier de ce commodataire (3).

Un fils de famille, à la différence d'un esclave, n'est pas susceptible d'une possession véritable; cependant, par respect pour la puissance paternelle, on reconnait au père une quasi-possession et on lui donne l'action de vol contre celui qui lui a soustrait son fils (4); mais ce

(1) L. 35, D., De usurpationibus et usurc., XLI, 3.
(2) L. 68, 69, 70, h. t.
(3) L. 14, § 14, h. t.
(4) L. 14, § 13, l. 37, h. t.

droit ne lui étant accordé que comme conséquence de la puissance paternelle, on le refuse à la mère, qui n'exerce pas cette puissance (1). Le vol de personnes libres était appelé par les anciens *Plagium*, et donnait lieu à l'application de la loi *Fabia de plagiariis* (2).

En nous reportant aux deux définitions que le jurisconsulte Paul a données du vol, nous voyons que, dans l'une, il dit qu'il faut que la chose appartienne à autrui, et que, dans l'autre, il n'a pas mis les mots *res aliena*, d'où il semble résulter qu'on peut voler sa propre chose : les deux définitions sont exactes. Tout dépend de ce qu'on veut dire par la chose d'autrui.

En principe, on ne peut pas voler sa propre chose; l'exercice du droit de propriété, comme de tout autre droit, ne saurait constituer un délit (3); mais on peut, ce qui est bien différent, commettre un vol à l'occasion de sa chose; c'est ce qui arrive, lorsque la propriété n'est pas dans la même main que l'usage ou la possession. Le propriétaire, en effet, n'a plus alors le *jus utendi et abutendi*; par son fait ou par le fait d'un autre, son droit a souffert certaines restrictions, et il y a dol de sa part à disposer de la chose comme si ces restrictions n'existaient pas. Lors donc que nous disons qu'on ne peut voler que la chose d'autrui, il faut bien remarquer que la chose dont nous sommes propriétaire peut être, à certains égards, *res aliena* pour nous; ainsi il y a vol de la part du nu-propriétaire qui soustrait la chose à l'usufruitier (4), et du dé-

---

(1) L. 38, h. t.
(2) V. le titre De lege Fabia de plagiariis, D., XLVIII, 15
(3) L. 55, D., De regulis juris, L. 17.
(4) L. 15, § 1, l. 20, § 1, h. t.

biteur, qui, après avoir donné sa chose en gage au créancier, la lui retire sans son consentement (1) : dans ces deux hypothèses, le propriétaire n'a pas la plénitude de ses droits; il a conservé la propriété, mais il a aliéné la jouissance au profit de l'usufruitier, la possession au profit du créancier gagiste : donc, au point de vue de l'usufruit, au point de vue de la possession, la chose a cessé de lui appartenir; donc, il y a, en réalité, détournement de la chose d'autrui, *furtum usus* ou *furtum possessionis*. Ainsi, quand les Institutes disent (2) que le débiteur, dans l'hypothèse dont nous parlons, *suæ rei furtum committit*, il faut entendre cette expression en ce sens qu'il commet un vol à l'occasion de sa chose, ou si l'on veut qu'il vole sa chose, mais seulement à raison de la possession, et non à raison de la chose elle-même, considérée individuellement, car on ne peut voler pour le tout, comme chose d'autrui, ce dont on est propriétaire. Il suit de là que, par l'action *furti*, le créancier ne pourra réclamer au débiteur qui a enlevé le gage qu'une indemnité basée sur le chiffre de la dette et non pas sur la valeur du gage (3).

C'est également une sorte de vol de possession que prévoit la loi 61, § 8, *De furtis*, où il est parlé d'un fermier, qui, après avoir fait avec le propriétaire cette convention usuelle que les fruits seront le gage de ce dernier jusqu'au payement du fermage, les ferait disparaître clandestinement; le fermier avait bien fait les fruits siens par la perception, mais il n'avait pas le droit d'en disposer, contrairement au contrat de gage qui

(1) L. 19 § 5, l. 20, pr., l. 66, pr., h. t.
(2) Institutes, IV, 1, § 10.
(3) L. 87, h. t.

ressort de son bail. Le jurisconsulte prévoit ensuite une hypothèse différente, celle où le fermier, au lieu de récolter lui-même les fruits, les vend sur pied à un tiers qui les cueille et les divertit. Ici, l'acheteur de mauvaise foi commet un vol ordinaire : jusqu'à la perception, en effet, les fruits appartiennent incontestablement au propriétaire (1); le fermier qui les vend sur pied vend la chose d'autrui, et l'acheteur ne peut les faire siens, puisqu'il les perçoit *invito domino.*

Pour que le propriétaire commette un délit en reprenant sa chose possédée par un tiers, il faut que ce tiers ait intérêt à garder la possession. Ainsi, un individu a reçu *a non domino*, à titre de donation, une chose qui m'appartient : je la lui soustrais, je ne serai tenu envers lui que s'il avait fait des impenses nécessaires, de nature à lui donner un droit de rétention; sans cela quel préjudice souffre-t-il de se voir enlever par ma soustraction la possession d'un objet que je pouvais revendiquer contre lui (2)?

Il faut donner la même décision quand le prêteur à *commodat* enlève la chose au commodataire (3). Nous avons vu déjà qu'il ne faut pas prendre à la lettre le motif qu'en donnent les sentences de Paul : *Rei enim nostræ furtum facere non possumus.* La raison que ce jurisconsulte met en avant dans loi 15, § 2, est plus exacte : c'est que le commodataire n'a pas d'intérêt, puisque le prêteur, en lui enlevant la chose, le libère de l'ac-

(1) Textus hic. — L. 44, D., De rei vindicatione, VI, 1.

(2) L. 53, § 4, h. t.

(3) Sent. Paul, II, 31, § 21. — L. 15, § 2, et l. 59, h. t. — L. 21, pr., D., Commodati, XIII, 6.

tion du commodat. L'intérêt reparaîtrait, et avec lui l'action de vol, si, par suite des impenses par lui faites, le commodataire avait un droit de rétention. Remarquons ici que le commodat ne donne pas la possession, qui reste au prêteur (1).

Par les exemples que nous avons cités, on peut voir que le simple vol de possession ne peut guère être commis que par le propriétaire. Le vol d'usage peut être commis par toute personne : le créancier gagiste, le foulon volent l'usage de la chose lorsqu'ils s'en servent malgré le propriétaire (2), et il en est de même du commodataire qui emploie la chose à un autre usage que celui pour lequel il l'a reçue, et qui, par exemple, ayant emprunté un cheval pour faire une courte promenade, l'emmène dans un voyage lointain, sauf, bien entendu, ce que nous avons dit plus haut sur la bonne foi et sur le consentement du propriétaire (3).

CHAPITRE II.

DES CONSÉQUENCES DU VOL RELATIVEMENT A L'OBJET VOLÉ.

Le vol, en droit romain, imprime à l'objet volé un caractère bien remarquable. Il le met hors du commerce, il en rive la propriété dans le patrimoine du maître dépouillé, de telle sorte que celui-ci n'a plus à s'en occuper ; que sa chose sorte des mains du voleur, qu'elle passe à un tiers de bonne foi, à titre gratuit ou à titre onéreux, par hérédité ou par donation, par vente ou par tout autre

---

(1) L. 8, D., Commodati, XIII, 6.
(2) L. 54. pr., l 82, pr., h. t.
(3) L. 40, h. t.—L. 5, § 8, D., Commodati, XIII, 6.—Inst., IV, 1, § 7.

contrat, elle ne cesse pas de lui appartenir, il pourra la revendiquer partout, et son droit, imprescriptible vis-à-vis du voleur, ne sera éteint vis-à-vis du tiers de bonne foi que par la prescription de trente ou quarante ans (1). Le vice de furtivité s'attache à la chose et la suit partout : *Vitium cum re ambulat ad omnem possessorem*, pour employer l'expression énergique d'un commentateur (2); un seul événement peut le faire disparaître : c'est le retour de la chose au pouvoir du propriétaire.

La loi des Douze Tables avait interdit l'usucapion des choses volées : *Furtivæ rei æterna auctoritas esto*, dit la Seconde Table. Cette interdiction a été renouvelée par la loi Atinia (3), portée vers l'an 556 de Rome, dans une disposition, dont Aulu-Gelle nous a conservé les termes (4) : *Quod subreptum erit, ejus rei æterna auctoritas esto*. Faut-il dire que la loi Atinia n'a fait que répéter ce que disait celle des Douze Tables? Il est généralement admis qu'elle a innové; mais on n'est plus d'accord quand il s'agit de déterminer sur quoi porte l'innovation. Godefroid pense que la loi des Douze Tables ne s'appliquait qu'aux choses volées, et que la loi Atinia a étendu l'impossibilité de l'usucapion aux choses soustraites : mais la distinction entre *furtivum* et *subreptum* nous paraît bien postérieure à la date de cette loi. Vinnius veut que la loi Atinia ait permis l'usucapion quand la chose volée est revenue au pouvoir du propriétaire : la loi eût été bien inutile, car il est bien clair que, par ce retour,

(1) L. 8, § 1, De præscript., XXX vel XL annorum, Code, VII, 39.
(2) Heineccius, 1, § 440.
(3) Et non Atilia, comme le dit Théophile.
(4) Aulu-Gelle, XVII, chap. 7.

le caractère de furtivité s'évanouit. Nous inclinerions à croire, avec Heineccius et Pothier, que la loi des Douze Tables ne prohibait l'usucapion qu'entre les mains du voleur ou de ses héritiers, et que la loi Atinia a étendu cette prohibition au cas d'un possesseur de bonne foi.

Pour que la chose contracte le vice de furtivité, il faut que la possession en soit intervertie. Ainsi un esclave a détourné un objet faisant partie de son pécule ; tant qu'il ne s'en est pas dessaisi, le vol n'est pas accompli, car le maître continue de posséder par son esclave ; mais, en le livrant à un tiers, il intervertit la possession, et l'objet devient furtif, et ne peut plus être usucapé (1). Le tuteur a la possession des biens de son pupille ; et on aurait pu douter qu'en dérobant ces biens pour les vendre à un tiers, il opérât une interversion ; mais Julien le décide formellement, et il donne pour raison que si le tuteur est considéré comme propriétaire, c'est quand il administre et non quand il dilapide la fortune du pupille (2). Et un texte du Code établit également que si un tuteur vend des esclaves, malgré la recommandation du défunt, l'acquéreur ne pourra pas en devenir propriétaire (3).

Ainsi l'acquéreur pourra ou ne pourra pas usucaper suivant que son vendeur, ou le vendeur originaire, s'il y a eu plusieurs ventes successives, aura été de bonne ou de mauvaise foi. Si, par exemple, un héritier vend une chose qui se trouvait entre les mains de son auteur, par suite d'un commodat, d'un louage, d'un dépôt, mais dans la croyance qu'elle faisait partie de l'hérédité, cette

(1) L. 56, § 3, h. t.

(2) L. 7, § 3, D., pro emptore, XLI, 4.

(3) L. 2, De usucapione pro emptore, Code, VII, 26.

aliénation de la chose d'autrui ne lui donne pas le caractère de furtivité, et l'usucapion sera possible (1). Il en sera tout autrement si l'on a vendu les esclaves d'autrui, sachant qu'ils appartenaient à autrui : car la vente, faite de mauvaise foi, de ce dont on sait n'être pas propriétaire, constitue un vol, et entraîne les conséquences de ce délit (2).

Lorsqu'avec l'objet volé on en a fabriqué un autre, lorsque, par exemple, on a fait un habit avec la laine d'autrui, l'objet fabriqué devient-il furtif? La loi 4, § 20, *De usurpationibus et usucapionibus* le décide formellement. Mais il faut remarquer que cette loi est de Paul, l'un des disciples de l'école sabinienne ; et on peut affirmer que les Proculéiens, dont on connaît la doctrine sur la spécification (3), devaient être d'un avis opposé. Le Digeste n'a enregistré que l'opinion sabinienne, qui avait prévalu sur ce point.

Mais l'argent que le voleur a retiré de la vente de l'objet volé ne revêt pas le caractère de furtivité; et le propriétaire qui voudrait s'en emparer commettrait un vol à son tour (4).

Quelle est, au point de vue des fruits, la conséquence du caractère de furtivité? Quand ces fruits sont entre les mains du voleur, il n'y a pas de difficulté : ils sont furtifs et ne deviennent sa propriété ni par la perception, ni par la consommation. Mais la solution n'est pas la

---

(1) L. 36 et 37, D., De usurp., XLI, 3.

(2) L. 1 et l. 7. Code, De usucap. pro emptore, VII, 26. — L. 2, Code, De usucap. pro donato, VII, 27.

(3) Institute, II, 1, § 25.

(4) L. 48, § 7, h. t.

même, quand ils se trouvent chez un possesseur de bonne foi. Ici, il faut d'abord considérer quand les fruits ont été perçus : si la perception a eu lieu chez le voleur, les fruits sont devenus chose furtive, et il n'y a pas d'usucapion possible (1). Si elle a eu lieu chez le possesseur de bonne foi, plus de vice de furtivité, et dès lors, l'usucapion deviendrait possible; mais il faut noter qu'elle ne sera pas nécessaire parce que le seul fait de la perception rend l'acheteur propriétaire des fruits.

Paul applique cette décision au croît des animaux, et l'attribue au possesseur de bonne foi par cela seul qu'il est né chez lui. Ulpien (2), au contraire, exige que la conception aussi bien que la naissance n'ait pas eu lieu chez le voleur. Il est vrai qu'immédiatement après, dans le § 6 de la même loi, il déclare que les poulains nés d'un cheval volé deviendront instantanément la propriété de l'acheteur de bonne foi, et ne parle plus de la conception. Aussi, plusieurs commentateurs, et parmi eux Doneau (*Comment., De jure civili*, V, 6), ont-ils proposé de changer par une négation le sens de la dernière phrase du § 5, d'où il résulterait, avec cette correction, qu'il ne faut se préoccuper que de la naissance du croît. M. Pellat (3) repousse cette correction comme trop hasardée en présence des versions concordantes de la Florentine, de la Vulgate et des Basiliques. Le savant auteur n'adresse pas à Ulpien le reproche de contradiction qu'il nous semble mériter, si l'on se refuse à la correction de Doneau; car il est au moins singulier qu'im-

---

(1) L. 4, § 19, D., De usurp. et usuc., XLI, 3.
(2) L. 48, § 5, h. t.
(3) De la propriété, page 545.

médiatement après avoir assimilé le croît d'un animal au part d'une esclave, contrairement à la doctrine généralement admise, ce jurisconsulte ait signalé une différence aussi essentielle. Quoi qu'il en soit, l'opinion de Paul paraît avoir prévalu, et pour le croît des animaux, que les Romains considéraient comme un fruit, il n'était furtif que s'il était né chez le voleur.

Mais à quel moment les fruits perçus ou nés chez le possesseur de bonne foi deviennent-ils sa propriété? Est-ce au moment où ils sont séparés? Est-ce au moment où ils sont consommés? Ceci est une question pour laquelle la nature furtive de la chose qui a produit les fruits n'est plus à considérer. A partir de Dioclétien, il est bien certain que le possesseur ne fait les fruits siens que par la perception, puisqu'un rescrit de cet empereur dit qu'il rend les fruits existants au jour de la *litis contestatio* (1). Mais au temps de la jurisprudence classique peut-être en était-il autrement. M. Pellat explique par des interpolations de Tribonien les textes du Digeste qui paraissent dire que le possesseur restitue tous les fruits qui ne sont pas consommés; et cette explication est corroborée par la tournure embarrassée des passages dont il s'agit. Cependant, l'opinion commune se refuse à cette doctrine, et admettant les textes tels qu'ils sont, ne considère comme définitivement acquis au possesseur de bonne foi que les fruits consommés par lui : par la perception, dit Pothier, il les fait siens en ce sens que, vis-à-vis de tout autre que le propriétaire, ils lui appartiennent et il n'a pas besoin de les usucaper; mais, si le proprié-

(1) L. 22, De rei vindicatione, Code III, 32.

taire se présente, le droit du possesseur s'évanouit, pour ce qui n'a pas été absorbé (1).

Le part de l'esclave fugitif n'est pas un fruit (2). Il est *res furtiva*, si la mère était enceinte lors du vol ou l'est devenue chez le voleur, et ne peut être usucapé : peu importe qu'il naisse chez le voleur ou chez le possesseur de bonne foi (3); si la mère a conçu chez un possesseur de bonne foi, l'enfant ne sera pas furtif, et l'usucapion, inutile quand il s'agit des fruits, deviendra ici pour ce possesseur un moyen d'acquisition (4). Mais si le possesseur n'est pas de bonne foi au moment de l'accouchement, bien qu'il l'ait été au moment de la conception, il ne peut plus usucaper (5). Si la conception et l'accouchement ont lieu chez l'héritier du voleur, et que celui-ci ne connût pas le vol, Scævola, cité par Ulpien, pense qu'il pourra usucaper (6). Mais l'opinion de Scævola paraît être restée isolée, et l'héritier du voleur, succédant au droit du défunt, ne pouvait pas, nous en sommes convaincu, invoquer le bénéfice de l'usucapion (7).

Le vice résultant du vol n'est pas perpétuel et peut être purgé par le retour de la chose au pouvoir du propriétaire. Si cette chose lui revient sans vol ni violence, l'usucapion redeviendra possible dans les conditions ordinaires.

---

(1) Voir M. Pellat, De la propriété, pages 306-313, et pages 543-546.

(2) Inst., II, 1, § 37. — L. 48, § 6, h. t.

(3) L. 60, h. t. — L. 10, De furtis, Code, VI, 2.

(4) L. 4, § 19, D., De usurp. et usuc., XLI, 3. — L. 48, § 5, h. t. — L. 33, De usurp. — L. 9 et 10, D., Pro emptore, XLI, 4. — L. 3, De usucap. Pro emptore, Code, VII, 26.

(5) L. 4, §§ 16, 17, 18, D., eod. tit.

(6) L. 10, § 2, D., De usurp.

(7) L. 4, § 15, eod. tit.

Mais pour que la chose soit censée rentrée au pouvoir du propriétaire, il faut qu'il en ait recouvré la possession d'une manière légale comme d'une chose lui appartenant, et sachant bien qu'elle lui a été volée. Si donc, ignorant que la chose lui a été dérobée, le maître l'achète, elle n'est pas censée revenue en son pouvoir. Il en est de même si la chose revient aux mains de son procureur sans qu'il en ait connaissance (1).

Cependant on n'exige pas que le maître sache que la chose lui a été rendue, si, avant qu'il n'ait eu connaissance du vol, elle revient aux mains de celui par qui il la possédait. Par exemple, un dépositaire infidèle vend la chose qui lui avait été confiée; puis, repentant de son délit, il la rachète et la remet à sa place : que le maître ait ou non connu ces faits, le vice est purgé (2). Il en serait de même si un esclave détournait des objets de son pécule et les y rétablissait ensuite (3).

Enfin, il y a d'autres circonstances où le vice de vol peut se trouver effacé : par exemple, si le maître a depuis le vol vendu la chose au voleur; si, sur l'action en revendication, le défendeur, possesseur de la chose volée, a payé l'estimation au lieu de restituer, ou enfin si le maître consent à ce que la chose soit livrée à un tiers (4).

---

(1) L. 4, D., De usurp. et usuc. XLI, 3.
(2) L. 4, § 10, cod. tit.
(3) L. 4, § 7, l. 32, cod. tit.
(4) L. 4, §§ 13 et 14, cod. tit.

CHAPITRE III.

DES ACTIONS QUI NAISSENT DU VOL.

SECTION I.

Législation des Douze Tables.

Une partie de la seconde Table décemvirale était consacrée au vol, et il est permis de croire que plusieurs des dispositions qui y sont écrites étaient empruntées à la Grèce. Il n'y a pas seulement un intérêt historique à les étudier, car elles se retrouvent encore, avec certaines modifications, dans le dernier état du droit.

Les Douze Tables établissent une distinction qui a toujours subsisté entre le vol manifeste et le vol non manifeste. Le voleur manifeste était celui qui était pris en flagrant délit; et il y avait flagrant délit quand il était arrêté encore nanti de la chose, et avant de l'avoir placée à l'endroit où il avait l'intention de la porter. Telle est du moins l'opinion qui a prévalu, car Gaïus indique des systèmes qui avaient voulu, les uns étendre, les autres restreindre les éléments du vol manifeste (1). Il y avait une énorme différence dans la pénalité, suivant que le vol était manifeste ou non manifeste. Dans le premier cas, le coupable, si c'était un homme libre, était battu de verges et faisait l'objet d'une *addictio* au profit de

(1) Gaïus, Inst., III, § 184. — Institutes, IV, 1, § 3. — L. 2, 3, 4 et 5, h. t.

celui qui avait été victime du vol; si c'était un esclave, il était fustigé et précipité du haut de la roche Tarpéienne. Le voleur non manifeste était indistinctement tenu de la peine pécuniaire du double. Le voleur impubère était battu de verges, à l'arbitrage du préteur, et on ordonnait la réparation des dommages qu'il avait causés (1). Il semble, comme le fait remarquer Vinnius, que les Décemvirs aient voulu mélanger ici la sévérité des lois draconiennes, qui infligeaient la peine de mort aux voleurs de toute espèce, et la douceur de la législation de Solon, qui ne les frappait jamais que de la peine du double.

On s'étonne, à première vue, de cette disproportion dans la répression du vol manifeste et du vol non manifeste. Pothier en donne pour raison qu'on a voulu châtier plus sévèrement les voleurs assez impudents pour ne pas même chercher à se cacher. La raison nous paraît naïve, car presque toujours c'est le temps de se dérober aux poursuites qui leur manque, et non la bonne volonté. Heineccius pense que la peine était plus forte parce qu'on craignait une résistance à main armée de la part du coupable pris en flagrant délit. Le véritable motif nous paraît avoir été donné par Montesquieu (2) : « Je ne saurais douter, dit-il, que toute la théorie des lois romaines sur le vol ne fût tirée des institutions lacédémoniennes. Lycurgue, dans la vue de donner à ses citoyens de l'adresse, de la ruse et de l'activité, voulut qu'on exerçât les enfants au larcin, et qu'on fouettât rudement ceux

(1) Aulu-Gelle. XI, 18.

(2) Esprit des lois, liv. XXIX, chap. 13.

qui s'y laisseraient surprendre ; cela établit chez les Grecs, et ensuite chez les Romains, une grande différence entre le vol manifeste et le vol non manifeste. » Et plus loin, Montesquieu ajoute : « Comme les lois civiles dépendent des lois politiques, parce que c'est toujours pour une société qu'elles sont faites, il serait bon que, quand on veut porter une loi civile d'une nation chez une autre, on examinât auparavant si elles ont toutes les deux les mêmes institutions et le même droit politique. Ainsi, lorsque les lois sur le vol passèrent des Crétois aux Lacédémoniens, comme elles y passèrent avec le gouvernement et la constitution même, ces lois furent aussi sensées chez un de ces peuples qu'elles l'étaient chez l'autre ; mais lorsque de Lacédémone elles furent portées à Rome, comme elles n'y trouvèrent pas la même constitution, elles y furent toujours étrangères et n'eurent aucune liaison avec les autres lois civiles des Romains. »

Quelle était précisément la situation des *addicti?* Il est bien difficile de le déterminer. Etaient-ils esclaves? Se trouvaient-ils seulement assimilés aux *adjudicati?* Gaïus nous apprend que les anciens jurisconsultes n'étaient pas d'accord sur ce point (1). D'ailleurs, c'est encore une question de savoir ce que c'était qu'un *adjudicatus.* Quoi qu'il en soit, il est certain que le voleur livré en *addictio* au volé se trouvait, au regard de celui-ci, dans une servitude de fait, sinon de droit.

Outre la peine capitale pour le vol manifeste, et la peine du double pour le vol non manifeste, la loi des

---

(1) Gaïus, Inst., III, § 189.

Douze Tables avait établi deux autres actions : l'action *furti oblati* et l'action *furti concepti.*

L'action *furti oblati* était donnée au triple à celui chez qui la chose volée avait été découverte, contre le voleur ou le complice qui la lui avait offerte, qui l'avait placée dans sa maison pour éviter qu'on ne la trouvât chez lui-même (1).

L'action *furti concepti* était donnée contre celui chez lequel on retrouvait l'objet volé après une perquisition faite en présence de témoins. La peine était du triple. Fallait-il que le recéleur fût complice du vol? Cela ne paraît pas nécessaire : il suffisait sans doute qu'on eût nié avoir entre les mains l'objet volé, et qu'on reçût un démenti par suite de la perquisition.

Indépendamment de l'action *furti concepti,* il y avait l'action *furti lance licioque concepti;* ici, au lieu de se faire simplement en présence de témoins, la perquisition était accompagnée de formes solennelles, que Gaïus décrit avec une complaisance moqueuse; elle était faite par un homme complètement nu, couvert seulement d'une ceinture, et tenant un plat à la main, disent les uns, un masque devant les yeux, disent les autres. Le recel découvert par cette perquisition était puni comme le vol manifeste. Du reste, ces solennités, plus ridicules qu'imposantes, avaient déjà cessé d'être en usage lorsqu'elles furent abolies par la loi Æbutia (en 579). Elles ont donné lieu aux développements de l'imagination fertile des vieux docteurs. Signalons entre autres une longue dis-

---

(1) Gaïus, Inst. III, §§ 187 et 191.

sertation envoyée par Marcus Tatius Alpinus à son maître Wolfgang Hungher, pour le remercier d'un banquet digne d'un évêque (1), que celui-ci avait offert à ses élèves. L'auteur y soutient, mais sans preuves bien admissibles, que ces formes de perquisition n'étaient autorisées que pour la recherche des objets sacrés.

Postérieurement à la loi des Douze Tables, et à une époque indéterminée, l'édit du préteur introduisit deux autres actions : l'action *furti prohibiti*, dont était tenu celui qui s'opposait à ce qu'on vînt faire perquisition chez lui pour chercher l'objet volé, et l'action *furti non exhibiti*, qui était donnée, dit Justinien, contre quiconque refusait de représenter l'objet volé, qu'une perquisition opérée chez lui avait fait découvrir. La première était au quadruple (2) ; nous ne connaissons la seconde que par le texte des Institutes qui la mentionne (3); car Gaïus n'en parle pas. Heineccius prétend avoir trouvé dans plusieurs passages de Plaute la preuve qu'elle était donnée au double.

Notons encore dans la loi des Douze Tables la disposition qui permettait de tuer le voleur de nuit dans tous les cas, et le voleur de jour, seulement quand il était armé et quand on se trouvait dans le cas de légitime défense (4). Gaïus dit, dans la loi 4, *ad legem Aquiliam* (5),

(1) « *Post convivium plus quam pontificium* », dit le texte.

(2) Gaïus, Inst., III, §§ 188 et 192.

(3) Institutes, IV, 1, § 4.

(4) La loi hébraïque contenait une disposition analogue : « Si effringens fur domum sive effodiens fuerit inventus, et accepto vulnere mortuus fuerit, percussor non erit reus sanguinis. Quod si orto sole hoc fecerit, homicidium perpetravit, et ipse morietur. » Exode, XXII, 2.

(5) D. IX, 2.

qu'il fallait, dans ce cas, appeler des témoins; mais Pothier pense, d'après Éverard Noodt, que cette restriction n'existait pas dans la loi des Douze Tables et qu'elle fut introduite par la loi Aquilia (1).

SECTION II.

Droit des jurisconsultes. — Poursuite criminelle.

Les actions *furti oblati, concepti, prohibiti* et *non exhibiti* tombèrent en désuétude : l'action au double contre le voleur non manifeste fut maintenue et subsiste encore sous Justinien. Quant à l'action dont était tenu le voleur manifeste, elle changea de caractère par un effet de la loi Porcia, qui interdit de frapper de verges les citoyens romains : le préteur transforma la peine corporelle en une peine pécuniaire du quadruple, et les esclaves eux-mêmes profitèrent de cet adoucissement. Comme l'action *furti manifesti*, malgré ces changements, procédait toujours de la loi des Douze Tables, elle conserva le caractère d'action perpétuelle.

Il y eut donc très certainement sous la république un long espace de temps pendant lequel les voleurs ne furent passibles que d'une réparation pécuniaire et non d'un châtiment corporel. Plus tard on comprit qu'une législation si clémente était pour eux un encouragement per-

(1) Aulu-Gelle ne parle nullement de la nécessité d'appeler des témoins, d'après la loi des Douze Tables, et Cicéron (*pro Milone*, n° 4), s'écrie énergiquement : « *Insidiatori et latroni quæ potest inferri injusta nex?* »

pétuel, et on commença à poursuivre extraordinairement par la voie criminelle certains vols qui, soit par leurs modalités, soit par le lieu où ils étaient commis, présentaient des caractères plus menaçants pour la sécurité publique.

Nous trouvons dans le Digeste plusieurs exemples de pénalités spéciales instituées contre différentes espèces de vols. Les voleurs de nuit, les voleurs de troupeaux, les escamoteurs (*saccularii*), les voleurs avec effraction, les coupeurs de bourses (*crumenissecæ*), les détrousseurs de passants (*expilatores*), les plagiaires, ceux qui s'introduisent dans des banquets pour y voler (*directarii*), sont frappés de peines qui varient, pour les plébéiens, entre les mines (*metalla*), et les travaux publics, et pour les personnes de conditions plus relevées, entre la dégradation et la relégation. Pour les militaires, on les renvoyait de l'armée avec ignominie (1). Il paraît même que, dans certains cas, la peine pouvait aller jusqu'à la mutilation et jusqu'à la mort, car une Novelle de Justinien défend pour l'avenir d'appliquer ces pénalités, à moins que le voleur ne soit armé (2).

Les recéleurs étaient en général punis comme les voleurs. La loi 3, § 3, *De abigeis*, paraît pourtant dire que les recéleurs des voleurs de troupeaux n'étaient jamais passibles que de la relégation; mais il est probable que le rescrit de Trajan, auquel ce texte fait allusion, s'appli-

---

(1) Voy. au Digeste les titres De abigeis, XLVII, 14; De furibus balneariis, XLVII, 17; De effractoribus et expilatoribus, XLVII, 18; De lege Fabia de plagiariis, XLVIII 15, et la loi 7, De extraordinariis criminibus, XLVII, 11.

(2) Novelle 134, chap. 13.

nait à des personnes *honestiores*, que le vol lui-même ne rendait jamais passibles des travaux publics. La parenté, même avec le voleur, n'excusait pas ceux qui lui nnaient asile : elle atténuait seulement leur culpabiité (1).

Que peu à peu l'habitude se soit introduite de poursuivre par la voie criminelle au lieu de la voie civile, non-seulement certains vols d'une gravité particulière, mais encore tous les vols, même non qualifiés, c'est ce qui s'explique facilement par cette double considération, qu'une simple répression pécuniaire est insuffisante, et que les gens adonnés au vol sont d'ordinaire insolvables, ce qui devait rendre fréquemment illusoires les condamnations au double et au quadruple. Il est certain qu'au temps d'Ulpien la plupart des vols étaient poursuivis criminellement (2).

Il n'entre pas dans notre plan d'examiner le système de la procédure criminelle chez les Romains. Elle n'avait rien de particulier pour le vol. Celui qui voulait agir au criminel contre le voleur, ou contre l'auteur d'un autre délit privé, devait se porter accusateur, *in crimen suscribere*, ce qui l'exposait, quand son accusation était déclarée calomnieuse, à une poursuite (3). Les juges qui connaissaient de cette action étaient à Rome le *præfectus vigilum* et dans les provinces le président (4).

---

(1) D., De receptatoribus, XLVII, 16.

(2) L. 92, h. t.

(3) L. 92, h. t. — L. 3, D. De privatis delictis, XLVII, 1; L. 3, D., ad S.-C. Turpillianum, XLVIII, 16.

(4) L. 56, § 1, h. t. — L. 3, § 1, D., De officio præfecti vigilum, I, 15. — L. 13, pr., D., De officio præsidis, I, 18.

C'est une question vivement controversée que celle de savoir si, dans le vol et dans les autres délits privés, l'action civile et l'action criminelle ou instance extraordinaire peuvent concourir ensemble, ou si l'une exclut l'autre. Deux textes des Pandectes, la loi 56, § 1, *De furtis*, et la loi 4, *De publicis judiciis*, décident qu'il ne peut y avoir concours des deux actions. Dans le premier, Julien donne pour motif que le voleur est assez puni par les périls de la poursuite criminelle pour être affranchi de la poursuite civile; dans le second, Paul explique que l'exercice de l'action *furti* empêche celui de l'action criminelle, parce qu'il ne s'agit dans le vol que d'un intérêt privé. Mais une constitution de Valens, Gratien et Valentinien donne un démenti formel à l'opinion de Paul et de Julien, en décidant que toutes les fois qu'il y a lieu d'intenter l'action criminelle et l'action civile pour une question d'intérêt particulier, ces actions peuvent se cumuler (1). Il faut donc reconnaître que la doctrine de ces jurisconsultes avait été modifiée sur ce point; si même il faut en croire ce texte, la plupart des prudents l'auraient repoussée.

Il y a deux actions particulières qui sont données contre le voleur, quand on suit contre lui la voie civile : ce sont l'action *furti* et la *condictio furtiva*. L'une est pénale, et a pour objet une sorte d'amende au profit de la partie lésée; l'autre est *rei persecutoria*, et tend à la restitution de la chose volée. Elles ont cette ressemblance que toutes deux naissent du délit comme l'obligation elle-même dont elles sont la sanction, et qu'elles

(1) L. unique, Quando civilis actio criminali præjudicet, Code, IX, 31.

sont données contre le voleur, non comme possesseur, mais comme obligé par suite de son délit ; mais elles diffèrent en bien des points, quant à leur objet, quant aux personnes qui peuvent les exercer, quant à celles qui en sont tenues. Ces différences ressortiront de l'étude que nous allons faire de chacune de ces deux actions.

Ajoutons, qu'au lieu d'intenter la *condictio furtiva*, le propriétaire peut, s'il le préfère, intenter contre le voleur, quand il possède ou quand il a cessé de posséder par son dol, la revendication, qui est l'action commune à tout propriétaire réclamant sa chose contre tout possesseur et pour quelque motif que ce soit.

Remarquons encore que, lors même que le voleur est poursuivi par la voie civile, il est, en cas de condamnation, noté d'infamie, que le vol soit ou non manifeste. Il en est de même quand, avant la condamnation, il a transigé à prix d'argent; car la transaction n'efface pas le délit dont elle est au contraire la reconnaissance tacite (1). Ce principe est absolu, et le magistrat lui-même ne saurait y déroger (2). Cependant, lorsque le voleur avait été frappé d'une peine plus forte que la peine établie par les lois, un texte semble dire que, comme compensation, on le déchargeait de l'infamie (3).

---

(1) L. 4, § 5, l. 5 et 6, pr., De his qui notantur infamia, D., III, 2.
(2) L. 63, h. t.
(3) L. 10, § 2, D., De pœnis, XLVII, 19.

SECTION III.

De l'action furti.

§ 1er. — Contre qui elle est donnée.

L'action de vol est donnée contre le voleur et contre le complice du voleur. Sans vouloir faire ici l'examen approfondi des principes romains en matière de complicité, nous devons cependant poser des règles générales, et voir dans quels cas celui qui n'avait pas pris part au vol, comme auteur principal, était néanmoins passible de l'action *furti* : « *Is cujus opera aut consilio furtum factum fuerit, furti actione tenebitur*, » dit Paul (1). Une aide, un conseil, tels sont les deux éléments de la complicité. L'aide, c'est le fait de celui qui prête son concours et son assistance à l'accomplissement du vol ; le conseil, c'est le fait de celui qui par ses excitations ou ses manœuvres pousse un tiers à commettre le délit auquel il reste lui-même étranger.

Mais faut-il, pour qu'il y ait complicité, la réunion de ces deux éléments? Ou bien, indépendamment d'une assistance matérielle, le conseil est-il punissable? La loi 53, § 2, *De verborum significatione* (Digeste, L. 16), nous paraît, entre autres textes, trancher la question dans ce dernier sens. Paul, citant et approuvant la doctrine de Labéon, déclare que l'aide et le conseil sont deux faits distincts et séparés. Il est bien vrai qu'il ajoute : « *Post*

---

(1) Sent., II, 31, § 10.

veterum auctoritatem eo perventum est, ut nemo ope videatur fecisse, nisi et consilium malignum habuerit : nec consilium habuisse noceat, nisi et factum secutum fuerit. » Mais nous ne pouvons croire, avec certains interprètes, que Paul, abandonnant dans cette phrase l'opinion qu'il professait dans la phrase précédente, ait voulu dire que l'aide et le conseil devaient se réunir et se confondre pour qu'il y eût complicité. Suivant nous, le jurisconsulte ne fait, dans le texte qui nous occupe, qu'énoncer deux règles de bon sens : l'une, que l'assistance matérielle n'est punissable que lorsqu'elle est accompagnée d'une intention frauduleuse ; l'autre, que le conseil n'est punissable que s'il a été suivi d'exécution de la part de celui à qui il s'adressait.

Reprenons ces deux idées, dont il nous sera facile, les textes à la main, de démontrer l'exactitude.

1° L'assistance matérielle n'est punissable que lorsqu'elle est accompagnée d'une intention frauduleuse : ajoutons même qu'il faut qu'on ait eu spécialement en vue de favoriser le vol. C'est ainsi qu'il n'y a pas complicité de la part de celui qui aura fracturé la porte d'une maison pour jouer un mauvais tour au propriétaire, bien que des voleurs aient profité de cette circonstance pour s'y introduire (1). La loi 50, § 1, *De furtis*, ne contredit pas cette doctrine ; Ulpien se borne à reconnaître, d'après Celse, que le complice qui a sciemment aidé le voleur est punissable, bien qu'il n'ait pas voulu profiter du vol, et qu'il n'ait agi que par haine contre le volé. Au contraire, celui qui appelle frauduleusement un muletier en jus-

(1) L. 53, pr., h. t.

tice, pour qu'on puisse lui voler son attelage, ou qui effraye et disperse un troupeau pour faciliter le vol, est tenu comme complice (1).

Veut-on maintenant une confirmation de notre système sur la loi 53, § 2, *De verborum significatione?* Nous la trouvons, et suivant nous, sans réplique, dans la loi 54, § 4, *De furtis : « Qui ferramenta sciens commodaverit ad effringendum ostium, vel armarium, vel scalam sciens commodaverit ad ascendendum, licet nullum ejus consilium principaliter ad furtum faciendum intervenerit, tamen furti actione tenebitur.* » Voilà un complice par assistance, qui n'est pas complice par conseil, et qui est tenu de l'action de vol. Est-ce assez clair?

2° Le conseil n'est punissable que si le vol a eu lieu. Nous avons déjà expliqué qu'en matière de vol il n'y a pas de crime d'intention, et que, du moins en général, le fait matériel est indispensable à l'existence du délit. Cela étant pour l'auteur principal, il est bien evident que l'on ne peut etre complice d'un délit qui n'existe pas. Je persuade à votre esclave de prendre la fuite : si ce n'est pas avec l'intention de le faire tomber aux mains d'un tiers qui s'en emparera, et si de fait ce tiers ne s'en empare pas, il n'y a pas de vol, donc pas de complicité ; et vous ne pourrez intenter contre moi que l'action *servi corrupti* (2). Au cas contraire, je serai tenu de l'action de vol, parce que celui qui s'est emparé de votre esclave fugitif a commis un vol, et que c'est par suite de mes conseils qu'il a trouvé l'occasion de le commettre. Et peu

(1) L. 66, § 2 l. 50, § 4, h. t.
(2) L. 36, pr., h. t.

importe ici que j'aie fourni à l'esclave le moyen de s'enfuir, ou au voleur le moyen de le voler; il y a un vol : je suis complice par conseil; donc je suis tenu. Si l'esclave, en se sauvant, a emporté des objets appartenant à son maître, je serai tenu de l'action de vol à raison de ces objets, sans qu'il y ait ici à distinguer si un tiers s'est ou non emparé du fugitif. En effet, l'esclave a commis un véritable vol, bien qu'il ne soit pas tenu de l'action de vol, ainsi que nous le montrerons plus bas, et je suis son complice par conseil (1).

Nous devons encore ajouter que, dans le système que nous combattons, il devient bien difficile d'expliquer, non pas seulement la loi 53, § 2, *De verborum significatione*, mais encore bien d'autres passage du Digeste, où les mots *ops* et *consilium* sont séparés par la disjonctive *vel*, dont on est obligé de ne tenir aucun compte (2). Et nous croyons, pour le dire en passant, qu'il faut, en lisant les textes, noter avec soin ces prépositions, conjonctions ou adverbes, qui y sont répandus avec profusion, mais qui y ont presque toujours une signification précise.

Abandonnant le terrain du Digeste, quelques-uns de nos adversaires s'appuient sur les Institutes. Ils avouent que les textes que nous venons de citer prouvent que la complicité peut résulter du *consilium sine ope;* mais ils croient voir le renversement de cette doctrine dans le § 11 du titre *De obligationibus quæ ex delicto nascuntur*, qui se termine par ces mots : *Certe qui nullam opem ad*

(1) L. 36, § 2, h. t.
(2) *Voy.* entre autres, L. 52, pr., et § 19, l. 50, §§ 2 et 3, h. t.

furtum faciendum adhibuit, sed tantum consilium dedit, atque hortatus est ad furtum faciendum, non tenetur furti. » Ce texte leur paraît démontrer que Justinien a voulu détruire, s'il avait prévalu jusqu'à lui, le principe de la complicité par conseil. Dans cette phrase laconique, faut-il voir en effet une innovation? Nous ne le pensons pas : outre que les modifications législatives de l'empereur ne se présentent pas d'ordinaire à nous avec cette concise simplicité, et que nous croyons difficilement qu'il n'eût pas saisi l'occasion d'exalter un peu sa sagesse et de gourmander les travers du passé, nous avouons ne rien voir dans ce passage qui ne se concilie parfaitement avec notre système; et pour cette conciliation nous ne croyons même pas qu'il soit nécessaire, avec Vinnius et Cujas, de donner ici au mot *consilium* le sens d'un vague avertissement. Sans doute, le simple conseil n'entraîne pas contre le conseilleur l'action de vol; mais quand le vol n'a pas eu lieu, quand le conseil est resté infructueux, quand il n'y a pas eu de délit, et que par conséquent, il ne peut y avoir de complicité. Les Institutes nous semblent exprimer, en d'autres termes, la même idée que la loi 52, § 19, *De furtis*, où il est dit : « *Neque verbo, neque scriptura quis furtum facit.... quare et opem ferre, vel consilium dare tum nocet, quum secuta contrectatio est.* »

Les recéleurs sont tenus de l'action de vol, comme les voleurs eux-mêmes (1), mais ils ne sont jamais tenus qu'au double (2). On considère comme recéleur, non

(1) L. 3, § 3, D., De incendio, ruina..., XLVII, 9. — L. 14, Code, h. t.

(2) Institutes, § 4, *in fine*, De obligationibus quæ ex delicto, IV, 1. — L. 34 et 35, h. t.

seulement celui qui cache les objets volés, mais encore celui qui cache le voleur (1) : celui qui, le connaissant, s'abstient de le dénoncer n'encourt aucune peine. Pothier prétend qu'on était censé recéleur quand on refusait de désigner la personne de qui on tenait la chose, et quand on prétendait l'avoir achetée à un inconnu; mais le texte sur lequel il s'appuie ne nous paraît pas avoir cette portée ; il en résulte seulement qu'une pareille conduite fait présumer la mauvaise foi; mais sans doute il fallait, pour qu'il y eût lieu à l'action *furti*, que d'autres présomptions vinssent corroborer celle-là (2).

Les patrons de navires, hôteliers et aubergistes sont responsables, non-seulement des vols dont ils sont auteurs ou complices, mais encore de ceux qui sont commis par leurs préposés. L'édit du préteur donne contre eux l'action de vol au double. Cette responsabilité est limitée au fait des employés, et ne s'étend pas au fait de voyageurs volant d'autres voyageurs. En effet, la responsabilité n'est établie contre eux qu'en vertu de cette présomption : qu'ils sont en faute d'avoir pris des serviteurs infidèles et de ne pas avoir exercé sur eux une surveillance suffisante. Or, ils ne sont pas libres de choisir les voyageurs, comme ils choisissent les hommes de peine du navire ou de l'auberge. De plus, ils n'ont pas d'autorité sur les personnes qui ne sont pas à leur service (3). Il est déjà assez remarquable qu'une action pénale soit donnée contre des gens qui sont obligés, non

(1) L. 48, § 1, h. t.
(2) L. 5, Code, h. t.
(3) Furti adversus nautas, D., XLVII, 5.

par un délit, mais par un quasi-délit. On ne peut, en effet, considérer l'action prévue par la loi dont nous parlons, comme née d'un délit, qu'autant que l'on se réfère au fait qui lui donne naissance ; au regard de ceux contre qui elle est exercée, elle ne peut avoir d'autre source qu'un quasi-délit.

Si parfois l'action se donne contre des personnes qui n'ont pris aucune part au délit, il y a, d'un autre côté, certaines personnes qui n'y sont pas soumises, soit comme complices, soit comme auteurs principaux : elles doivent cette exemption à la nature des relations qui existent entre elles et la victime du vol.

Mentionnons d'abord l'affranchi, le client, le journalier, au moins pour les vols peu importants (1), puis les pères et mères, ainsi que les patrons, contre lesquels aucune action déshonorante ne pouvait être intentée (2).

Il en est de même des esclaves et des fils de famille, quand ils commettent une soustraction au préjudice du maître ou du père sous la puissance duquel ils se trouvent. Cette soustraction est un vol véritable, en ce sens que la chose devient furtive et comme telle ne peut pas être usucapée, mais elle ne donne pas ouverture à l'action de vol (3). La règle n'est pourtant pas aussi absolue

---

(1) La loi 89, De furtis, dit, sans faire de restrictions, que ces personnes ne sont pas tenues de l'action de vol, mais la loi 11, § 1, De pœnis, D., XLVIII, 19, dit que la poursuite criminelle des vols domestiques ne sera interdite au patron et au maître que pour les vols de peu d'importance : nous en concluons avec Pothier que, quand ces vols avaient une certaine gravité, l'action *furti* pouvait être intentée.

(2) L. 5, pr., D., De obsequiis parentibus præstandis, XXXVII, 15.

(3) Institutes, De obligationibus quæ ex delicto, IV, 1, § 12.

pour le fils de famille que pour l'esclave. En effet, Ulpien nous dit, d'une manière dubitative, à la vérité, que le père pourra avoir l'action de vol utile contre son fils, si celui-ci a un pécule (1). Et le même jurisconsulte ajoute que le fils aura la même action contre son père, qui lui aurait dérobé des objets faisant partie de son pécule *castrense* (2). Seulement, il est probable que l'action utile n'entraînait pas ici l'infamie.

Pour les esclaves, ce que nous avons dit n'est que la conséquence de cette règle, qu'entre un maître et un esclave il ne peut exister aucune action, règle d'autant plus facile à justifier que les esclaves font partie intégrante du patrimoine du maître. A quoi bon, dit Ulpien, faire un procès à ceux contre lesquels on peut sévir soi-même (3)? L'esclave qui, depuis le vol commis, a été affranchi, ne peut donc être poursuivi : l'action n'a pas pris naissance à l'origine; elle ne peut naître à une époque ultérieure (4). C'est là un principe absolu auquel il n'existe qu'une seule exception. Un titre du Digeste (5) s'occupe du cas où un esclave, à qui la liberté a été laissée par testament, a commis un vol au préjudice de la succession, dans l'intervalle entre le décès et l'adition d'hérédité. Il est certain qu'à ce moment il est encore esclave, car aucune partie du testament ne vaut jusqu'à l'adition; il est également certain qu'en volant un objet héréditaire, il vole l'hérédité, sa maî-

(1) L. 52, § 3, h. t.
(2) L. 52, § 6, h. t.
(3) L. 17, pr., h. t.
(4) L. 17, § 1, h. t.
(5) D., Si is qui testamento liber., XLVII, 4.

tresse, considérée comme telle par le droit civil. Cela posé, si l'on s'en tenait aux principes, il faudrait dire qu'après l'adition il ne pourra y avoir d'action contre l'esclave devenu libre, parce qu'à l'origine il n'a pu se former aucune obligation entre lui et l'hérédité sa maîtresse. L'édit du préteur a voulu empêcher un pareil résultat, et a établi dans ce cas l'action utile au double, comme si le vol avait suivi l'affranchissement; le préteur trouvait trop révoltant de laisser impuni cet homme qui abuse de sa liberté prochaine pour dépouiller l'héritier de son bienfaiteur. Labéon donnait cette action même contre l'esclave à qui la liberté n'avait été léguée que sous condition; mais seulement lorsque la condition s'était accomplie dans un court délai. Mais Ulpien prend soin de nous prévenir que si elle satisfait l'équité naturelle, cette innovation prétorienne n'est pas conforme aux règles du droit civil.

Enfin ne sont pas tenus de l'action de vol les époux dont l'un commet un vol au préjudice de l'autre pendant le mariage (1). On n'a pas voulu, par respect pour la dignité du mariage, que des faits de ce genre permissent à l'un des conjoints, ou à ses héritiers, d'intenter contre l'autre une action infamante (2). On a créé une action spéciale, l'action *rerum amotarum*, qui n'est, sous un autre nom, qu'une véritable *condictio furtiva*, née du délit comme elle, tendant comme elle au recouvrement de la chose, et qui, pour ce motif, ne se prescrit pas par une année (3), et passe aux héritiers.

---

(1) L. 1, D., De actione rerum amotarum, XXV, 2.
(2) L. 2, D., eod. tit.
(3) L. 21, § 5, l. 26, eod. t.

Le détournement commis par la femme ne donne pas immédiatement lieu à cette action : tant que dure le mariage, l'exercice de l'action est suspendu ; mais Marcien déclare que le mari peut agir par la *condictio* pour se faire restituer les objets détournés, car c'est un principe du droit des gens, que la *condictio* peut être intentée contre quiconque n'a pas une juste cause de possession (1).

Il y a pourtant un cas où la femme pourra être tenue de l'action de vol, pour le détournement d'une chose appartenant à son mari : c'est celui où la chose aura été volée à un commodataire à qui le mari l'avait prêtée. Le commodataire, attaqué par le mari, pourra poursuivre la femme par l'action de vol (2). Si nous renversons l'hypothèse et si nous supposons que c'est la femme du commodataire qui commet le détournement, que va-t-il arriver? Le propriétaire peut à son choix diriger l'action de commodat contre le mari, ou l'action de vol contre la femme. S'il intente l'action de commodat, il sera obligé de céder au mari son action de vol. Que devra faire celui-ci? Ne pourra-t-il pas, dans ce cas exceptionnel, intenter contre sa femme l'action de vol qui lui a été cédée? La question avait fait l'objet de vives controverses. Justinien décide que le mari ne pourra exercer que l'action *rerum amotarum*. Et de plus, si le mari est solvable, il veut que le propriétaire ne puisse poursuivre la femme par l'action de vol (3).

---

(1) L. 25, D., De actione rerum amotarum, xxv, 2. — L. 6, D., De condictione ob turpem causam, xii, 5.

(2) L. 28, D., De actione rerum amotarum, xxv, 2.

(3) L. 22, § 4, De furtis et servo corrupto, Code, vi, 2.

Si le vol commis par l'un des conjoints est antérieur au mariage, ou s'il est commis pendant le mariage au préjudice d'une personne dont l'autre conjoint devient héritier, celui-ci peut intenter, non pas l'action de vol, mais la *condictio furtiva*, qui n'est pas infamante (1). On peut aussi agir noxalement contre son conjoint, pour le vol commis par son esclave (2). Si le vol est postérieur à la dissolution du mariage, il n'y a plus lieu à l'action *rerum amotarum*, mais bien à l'action de vol (3).

Les exemptions que nous venons d'énumérer sont toutes personnelles. En conséquence, les complices ne peuvent pas les invoquer, et restent soumis aux poursuites de droit commun (4).

Enfin, nous devons faire remarquer qu'à raison de son caractère pénal, l'action de vol n'est pas donnée contre les héritiers (5); mais il n'en est plus ainsi dès que ce caractère est effacé ; c'est ce qui arrive lorsqu'il est intervenu entre l'auteur et la victime du délit une convention de nature à le faire disparaître (6), ou lorsqu'il y a eu *litis contestatio* avant le décès du voleur (7).

§ 2. — A qui est donnée l'action de vol.

L'action de vol, ayant trait au délit, et non à l'objet

---

(1) L. 3, § 2, D., De actione rerum amotarum, XXV, 2.-L. 52, § 3, h. t.
(2) L. 3, § 1, D., De actione rerum amotarum, XXV, 2.
(3) L. 3, pr., eod. tit.
(4) L. 36, § 1, l. 52, pr., et § 1, h. t.
(5) L. 1, D., De privatis delictis, XLVII, 1.
(6) L. 33, D., De obligationibus et actionibus, XLIV, 7.
(7) L. 58, D., eod. tit. — L. unique, Cod., Ex delictis defunctorum, IV, 17. — Inst., § 1, De perp. et temp. actionibus, IV, 12.

volé, appartient à toute personne ayant un intérêt légitime à ce que le vol n'eût pas lieu : *Cujus interfuit non subripi, is actionem furti habebit*, dit Ulpien (1). L'intérêt est donc le principe de l'action : il en résulte que pour l'intenter, il n'y a pas besoin d'être propriétaire.

Si la chose, au moment du vol, était entre les mains du propriétaire, celui-ci aura l'action : le vol en effet ne lèse que lui, et il n'a de recours que contre le voleur. Mais il arrive souvent que le vol ne lèse aucunement le propriétaire, et porte préjudice à d'autres personnes. Je donne en gage à mon créancier une chose qu'un voleur lui soustrait. A qui le vol nuit-il ? Ce n'est pas à moi, c'est à mon créancier, qui est responsable de la perte que son peu de vigilance a occasionnée. Le vol en effet n'est pas un cas fortuit, un événement de force majeure contre lequel la prudence humaine soit désarmée ; presque toujours il ne s'accomplit que par suite du manque de soin de celui qui en est la victime : aussi pouvons-nous dire que quiconque est responsable de sa faute est responsable du vol, à moins qu'il ne soit commis à main armée (2). C'est donc le créancier gagiste qui seul avait intérêt à ce que le vol n'eût pas lieu : c'est lui qui pourra intenter l'action *furti*. Aussi sera-t-il admis à l'exercer pour la valeur totale du gage, et non pas seulement jusqu'à concurrence du montant de sa créance, sauf à tenir compte au débiteur de l'excédant (3). Mais il faut bien remarquer qu'il n'en sera ainsi que quand il sera en

---

(1) L. 10, h. t.
(2) L. 52, § 3, D.; Pro socio, XVII, 2.
(3) L. 14, § 6, l. 15, pr., l. 87, h. t.

faute ; dans le cas contraire, l'action appartiendra au créancier pour la valeur de sa créance, au propriétaire pour le surplus ; car celui-ci ne pourrait reprocher à son créancier un vol arrivé par force majeure (1). Par la même raison, si c'est le débiteur lui-même qui a commis le vol, le créancier ne pourra agir que pour le montant de sa dette en principal et intérêts (2). Peu importe d'ailleurs, quand l'auteur du vol est un étranger, que le débiteur soit ou non solvable, car c'est pour mieux assurer le remboursement qu'un gage a été exigé (3).

Ce que nous venons de dire ne doit pas être restreint au cas de gage ; on peut poser en règle générale que l'action de vol appartient à celui qui répond de sa faute, et par conséquent au commodataire (4), au locataire (5), au foulon (6), bien que ce dernier n'ait pas à la conservation de la chose un intérêt personnel autre que sa responsabilité. Mais il faut expliquer et compléter cette règle par celle-ci, applicable aux personnes dont nous venons de parler, qu'elles ne peuvent agir que si elles sont solvables. Sans cela, comme leur responsabilité est illusoire, elles ne peuvent être considérées comme intéressées à la conservation de la chose ; le seul intéressé dans cette hypothèse, c'est le propriétaire, car s'il ne parvient pas à se faire indemniser par le voleur, il n'aura

---

(1) L. 46, § 4, h. t.
(2) L. 87, h. t.
(3) L. 12, § 2, h. t. — L. 25, D., De regulis juris, L, 17.
(4) L. 14, § 15. h. t.
(5) L. 14, § 16, h. t.
(6) L. 12, pr., l. 48, § 4, h. t.

contre le détenteur qu'un recours inutile : aussi est-ce lui seul qui pourra exercer l'action (1).

L'intérêt étant la condition de l'action de vol, si plusieurs personnes sont intéressées, plusieurs pourront agir. L'usufruitier et l'usager peuvent donc agir concurremment avec le propriétaire, dans la limite de leurs droits (2); il en faut dire autant du fermier, même lorsque les fruits volés, n'étant pas détachés, ne sont pas sa propriété (3). Et dans ces cas les diverses actions sont complétement indépendantes les unes des autres : si donc l'un des intéressés transige avec le voleur, l'autre conservera néanmoins son action (4).

L'intéressé, au point de vue qui nous occupe, est celui qui éprouve une perte, et non pas celui qui manque seulement à gagner. Celui qui possédait *pro herede* la chose volée n'a donc pas l'action, bien que le vol lui enlève la chance de l'usucapion (5). Mais celui qui a acheté de bonne foi une chose furtive, et à qui cette chose est soustraite, a l'action (6) ; sans doute il n'était pas devenu propriétaire, mais il n'en éprouve pas moins un préjudice. Si en effet, au lieu d'être dépouillé par un vol, il l'avait été par un jugement, sur la demande du propriétaire, il aurait eu recours contre son vendeur, pour se faire restituer le prix.

Pour avoir l'action, il ne suffit pas d'avoir un intérêt

---

(1) L. 12, pr., h. t.
(2) L. 46, §§ 1 et 2, h. t.
(3) L. 14, § 2; l. 26, § 1; l. 82, § 1, h. t.
(4) L. 46, § 5, h. t.
(5) L. 71, § 1, h. t.
(6) L. 52, § 10, h. t.

quelconque : il faut de plus que cet intérêt soit légitime. Ainsi, le possesseur de mauvaise foi a certainement intérêt à la conservation de la chose, puisqu'elle est à ses risques, et malgré cela il ne pourra poursuivre le voleur, parce que c'est dans un acte coupable que se trouve le principe de son intérêt. Il en est de même du dépositaire infidèle ou du commodataire qui a abusé de la chose prêtée. A plus forte raison le voleur lui-même n'est-il pas recevable à attaquer celui qui lui aurait soustrait la chose volée. Servius avait proposé dans ce cas de lui accorder l'action, si le propriétaire dépossédé ne se présentait pas; mais son opinion avait été rejetée par ce motif que le silence du propriétaire ne pouvait pas créer un droit au profit du voleur (1).

Il ne faut pas voir une exception à ce principe dans l'espèce de la loi 48, § 4, *De furtis*, où il est dit qu'un foulon, ayant reçu des vêtements pour les nettoyer, et les ayant prêtés sans mon consentement, aura l'action de vol s'ils sont soustraits au commodataire. En effet, il a bien commis un vol, mais quant à l'usage seulement, et indépendamment de son délit, il a un intérêt légitime à la conservation de la chose, puisqu'il en est responsable en sa qualité de *locator operarum*. De même celui qui a volé un esclave, et au préjudice duquel cet esclave commet à son tour un vol, pourra intenter l'action noxale contre le maître ; ce n'est pas en effet par suite de son délit, mais par suite du délit commis envers lui, qu'il sera intéressé (2).

(1) L. 11, l. 12, § 1; l. 14, §§ 4, 8 et 9; l. 76, § 1, h. t.
(2) L. 67, § 4, h. t.

Il ne faut pas croire que l'intérêt légitime suffise absolument pour que celui qui peut l'invoquer soit recevable à intenter l'action de vol. Lors en effet que l'intéressé n'est pas le propriétaire, il faut qu'il possède pour qu'il puisse agir. Voici à cet égard un cas cité par Papinien : Primus, se portant gérant d'affaires de Secundus, paye entre les mains d'un faux mandataire du créancier, et Secundus ratifie le payement. Il est intéressé, car il sera tenu envers Primus par l'action *negotiorum gestorum*; mais comme il n'avait ni la propriété, ni la possession des écus donnés en payement, ce ne sera pas lui, mais Primus qui aura l'action de vol ; seulement, si Primus intente l'action de gestion d'affaires, il devra céder à Secundus son action de vol contre le faux mandataire (1). La même décision doit être donnée au cas du tuteur ou du curateur par la faute duquel un vol a été commis au préjudice de son pupille. Celui à qui un esclave est dû *ex stipulatu* ou *ex testamento*, celui qui s'est porté fidéjusseur pour un fermier, ne peuvent non plus exercer l'action de vol, quand l'esclave a été soustrait, ou quand des fruits ont été dérobés (2). Il en est de même de l'acheteur, quand la chose vendue est volée avant que la tradition ait eu lieu (3). Paul, dans ses *Sententiæ*, donne une décision contraire, et dit qu'en cette hypothèse le vendeur et l'acheteur auront tous deux l'action (4); mais il ne faut pas voir là une antinomie ; il vaut mieux

---

(1) L. 80, § 7, h. t.
(2) L. 66, § 5, l. 13, h. t.
(3) L. 14, pr., h. t
(4) Paul. Sent. II, 31, § 17.

admettre, avec Pothier et Cujas, que Paul a entendu seulement donner à l'acheteur une action utile.

L'action de vol se donne aux héritiers et autres successeurs universels, par exemple, à l'adrogéant (1).

Nous avons dit que l'action de vol se donnait au quadruple, quand le vol est manifeste, et au double dans le cas contraire. Il y a pourtant une espèce de vol qui est toujours puni du quadruple : c'est celui qui est commis au milieu d'un incendie, d'un éboulement ou d'un naufrage (2). C'est le préteur qui avait introduit cette pénalité exceptionnelle, et Ulpien s'attache à la justifier en invoquant l'intérêt public. Mais si l'action n'est intentée qu'après une année, le préteur ne la donne plus qu'au simple.

Le chiffre que l'on doit prendre pour base du double ou du quadruple n'est pas le chiffre de la valeur de la chose, mais bien le chiffre de l'intérêt (3). Sans doute, lorsque c'est le propriétaire qui agit, il demandera le plus souvent le double de la valeur réelle, et jamais il ne pourra avoir moins (4) ; mais quelquefois il obtiendra plus : c'est ce qui arrivera lorsqu'un autre intérêt viendra se joindre à celui qu'il trouve dans sa qualité intrinsèque de propriétaire. Ainsi, je me suis engagé à livrer à un tiers ma chose à jour fixe, et cela sous une clause pénale : je demanderai, d'abord, le double de ce que vaut ma chose ; puis, le double de ce que j'aurai payé

(1) L. 41, § 1, h. t.
(2) V. D, De incendio, ruina, etc., XLVII, 9.
(3) L. 80, § 1, h. t.
(4) L. 50, pr., l. 80, § 1, h. t.

par suite du vol qui m'a mis dans l'impossibilité d'accomplir mon obligation (1). Ainsi encore l'esclave qui m'a été volé a été institué héritier, et il est mort avant d'être revenu en mon pouvoir et d'avoir pu faire adition : j'établirai mon calcul, et sur le prix de l'esclave, et sur l'importance de l'hérédité que j'aurais recueillie si je l'avais conservé (2).

L'estimation se fait au jour du vol, si la chose a péri ou s'est détériorée (3) ; au jour de l'amélioration, si elle s'est accrue, car, dit Pothier, le vol se continue tant que le voleur détient. Il suit de là que, si un esclave a été volé étant encore enfant, et qu'il soit homme aujourd'hui, c'est sa valeur actuelle qui sera calculée (4). Quant à la désignation de l'objet, le demandeur doit la faire d'une manière aussi précise que possible (5).

Lorsque le créancier gagiste, à qui le gage a été volé par sa faute, aura obtenu par l'action de vol le double ou le quadruple de ce qui lui est dû par son débiteur, ou de ce que vaut l'objet, que deviendra la différence ? Devra-t-il la conserver comme une sorte de compensation des risques qu'il a courus ? Car, si le voleur avait été insolvable, c'est lui qui aurait été responsable. Devra-t-il, au contraire, la rendre au propriétaire du gage ? La loi 15, *De furtis*, déclare qu'il devra restituer l'excédant. La même solution doit être donnée pour toutes les autres

(1) L. 67, § 1. h. t.
(2) L. 52, § 8. h. t.
(3) L. 50, pr., h. t.
(4) L. 67, § 2, h. t.
(5) L. 19, h. t.

personnes qui n'avaient l'action de vol qu'en raison de leur responsabilité. Cependant, Justinien nous apprend que, pour le commodataire, la question était controversée, et que Papinien, après avoir varié dans son opinion, avait décidé que le commodataire devait conserver l'excédant, en rendant au préteur la valeur de la chose; et la loi 22, § 3, au Code, *De furtis et servo corrupto*, consacre cette doctrine.

L'action de vol ne s'éteint, ni par la perte de la chose, ni par la restitution partielle ou totale (1); mais elle s'éteint par la transaction et par la mort du voleur (2). Si le voleur est un esclave, l'action ne s'éteint pas quand il change de maître, en vertu de la règle : *Noxa caput sequitur*.

SECTION III.

De la condictio furtiva.

Nous avons déjà, au commencement de ce chapitre, fait remarquer que l'action de vol et la *condictio furtiva* ont des objets et des résultats différents : l'une est exclusivement pénale et ne tend pas à la restitution de la chose, l'autre est purement *rei persecutoria*, et ne tend pas à la répression du délit. La nature différente de ces deux actions nous donnera la clef des nombreuses dissemblances que nous aurons à signaler entre elles, et elle suffit à nous faire comprendre qu'elles sont absolu-

(1) L. 46, pr., l. 54, § 3 h. t. — L. 13, Code, h. t.
(2) L. 13, Code, h. t. — L. 7, pr., D., De condictione furtiva, XIII, 1.

ment indépendantes, que tel peut avoir la première sans avoir la seconde et réciproquement, et que, quand toutes deux appartiennent au même individu, il peut les intenter tour à tour, sans que l'exercice de l'une le rende non recevable à exercer l'autre.

La *condi tio furtiva* est une action personnelle née du délit. Elle naît du délit, car la loi 4, *De condictione furtiva*, dit que le vol commis par un esclave donne lieu contre le maître à une condiction noxale : or, il n'est pas d'action noxale qui ne provienne d'une *noxa*, c'est-à-dire d'un délit (1).

Elle est donnée au propriétaire, et n'est donnée qu'à lui (2). C'est là une différence fort remarquable entre la *condictio furtiva* et les condictions ordinaires. La formule de la condiction, *si paret..... dare oportere*, indique, en effet, qu'elle ne doit pas appartenir au propriétaire, qui n'a besoin de demander aucune dation, aucune translation de propriété. C'est en haine des voleurs, et, comme le dit Justinien, afin qu'ils soient soumis à un plus grand nombre d'actions, qu'on a introduit contre eux la *condictio furtiva* au profit du propriétaire volé. C'est un des cas très-rares où une *condictio* est donnée au propriétaire.

Pour que le propriétaire ait la *condictio furtiva*, il faut que la chose lui appartienne au moment du vol et au moment où l'action est intentée; ou du moins, s'il l'a perdue avant cette dernière époque, il faut que ce ne soit pas par son fait. On m'a volé une chose dont je suis

---

(1) L. 1, D., De noxalibus actionibus, IX, 4.

(2) L. 11, D., De condictione furtiva, XIII, 1.

copropriétaire avec un tiers, et plus tard, par l'effet de l'action *communi dividundo*, l'indivision a cessé. Aurai-je la *co' dictio?* Il faut distinguer : oui, si j'ai été défendeur à l'action en partage, car c'est sans mon fait que l'aliénation qui en résulte a eu lieu; non dans le cas contraire (1). Par suite de la même idée, si le propriétaire de l'objet volé le lègue purement et simplement, personne n'aura la *condictio :* ni l'héritier, parce qu'il n'est pas propriétaire, ni le légataire, parce qu'il ne l'était pas au moment du vol : mais celui-ci pourra, bien entendu, intenter la revendication. La solution serait différente si nous supposions, au lieu d'un legs pur et simple, un legs conditionnel. Tant que la condition n'est pas accomplie, l'héritier aura la *condictio* : continuateur de la personne du défunt, il est censé avoir été propriétaire au moment du vol, et il l'est réellement au moment où il agit (2).

A plus forte raison, la *condictio* dont nous parlons est-elle refusée à ceux qui n'ont jamais été propriétaires, au commodataire, au dépositaire, au créancier gagiste. Mais les intéressés peuvent, au moyen de la *condictio incerti*, réclamer la possession de l'objet volé. C'est un droit que reconnait formellement, pour le créancier, la loi 12, *in fine*, *De condictione furtiva*. Ulpien y rapporte, sans l'adopter ni la combattre, l'opinion de Nératius. Des auteurs ont argumenté de ce silence d'Ulpien pour contester notre solution, et pour prétendre que l'opinion qui accordait au possesseur la *condictio*

(1) L. 12, § 1, D., De condictione furtiva, XIII, 1.
(2) L. 14, pr., eod. tit.

incerti était une opinion isolée. Nous ne pouvons adopter cette doctrine. Si Ulpien ne se prononce pas dans la loi 12, il confirme clairement ce que dit Neratius, en examinant, dans la loi 22, pr., D., *De pigneratitia actione*, XIII, 7, ce que devra faire le créancier gagiste de ce qu'il aura obtenu au moyen de la *condictio :* par là, il suppose évidemment qu'elle a pu être exercée par le créancier. C'est à tort qu'on nous oppose deux passages, dans lesquels Ulpien n'accorde la condiction qu'au propriétaire. *In furtiva re soli domino condictio competit,* dit la loi 1, *De condictione furtiva.—Condictio autem ei demum competit, qui dominium habet,* dit la loi 14, § 16, *De furtis*. Ces deux textes n'ont rien d'inconciliable avec la loi 12 ; ils s'occupent de la condiction *certi*, par laquelle on obtient la chose, ou, si elle a péri, sa valeur déterminée ; tandis que la loi 12 se réfère à la *condictio incerti*, par laquelle le créancier demande la valeur indéterminée de sa possession, l'intérêt qu'il avait à ne pas être dépossédé, intérêt dont la quotité est incertaine, puisqu'elle dépend de la solvabilité du débiteur. Ulpien, dans un autre passage, insiste vivement sur cette idée que la valeur de la chose et celle de la possession doivent être soigneusement distinguées (1).

La *condictio furtiva* est donnée contre le voleur manifeste ou non manifeste ; elle peut même être exercée contre l'épouse, parce qu'elle n'est pas infamante (2) ; et comme elle n'est pas pénale, elle compète contre les héritiers du voleur. En principe, elle n'est donnée contre

(1) L. 3, § ult., D., Uti possidetis, XLIII, 17.
(2) L. 3, § 2, D., De actione rerum amotarum, XXV, 2.

chacun d'eux que pour sa part héréditaire; mais elle est donnée *in solidum* contre celui qui possède l'intégralité de la chose volée (1). Quand on agit contre chacun des héritiers proportionnellement à sa part héréditaire, peu importe dans quelle proportion chacun d'eux a profité du vol; peu importe même qu'il n'ait en sa possession aucune partie de l'objet volé.

Lorsque la *condictio* est exercée contre le père ou contre le maître pour un vol commis par un fils de famille ou par un esclave, le défendeur n'est obligé que jusqu'à concurrence de ce dont il s'est enrichi : pour l'excédant, le maître peut faire l'abandon noxal de son esclave, et le fils peut être attaqué directement par la *condictio furtiva.* C'est dans les mêmes limites qu'au cas de détournement par un fils de famille, le père est tenu de l'action *rerum amotarum* (2).

Si un esclave est affranchi, après avoir commis un vol, il ne sera pas soumis à la *condictio* : la raison en est que, bien que la condiction furtive naisse d'un délit, son caractère d'action *rei persecutoria* lui attribue avec les actions qui naissent des contrats une similitude qui ne permet pas de la donner contre l'esclave devenu libre.

Nous avons montré plus haut que les Romains reconnaissent deux espèces de complicité, la complicité par conseil et la complicité par aide. Quant à l'action de vol, il n'y a pas de différence pratique entre ces deux complicités; mais il n'en est pas de même pour la *condictio*. La

---

(1) L. 3, § 3, D., Commodati vel contra, XIII, 6.

(2) L. 3, *in fine*, D., De actione rerum amotarum, XXV, 2. — L. 3, § 12, De peculio, XV, 1. — L. 4 et 5, D., De condictione furtiva, XIII, 1.

loi 53, § 2, *De verborum significatione*, après avoir dit qu'on peut être complice soit *ope*, soit *consilio*, s'exprime ainsi : *Alii condici potest, alii non potest*. La complicité morale ne donne pas lieu à la *condictio*, la complicité matérielle y donne lieu. D'un autre côté, la loi 6, *De condictione furtiva*, semble refuser, sans distinction, la *condictio* contre les complices : *Proinde et si ope consilio alicujus furtum factum sit, condictione non tenebitur, etsi furti tenetur*. Faut-il voir une antinomie entre ces deux textes, ou existe-t-il au contraire un moyen de les concilier?

Les interprètes sont divisés sur cette question. Dufaur n'hésite pas à déclarer qu'il y a antinomie entre Paul et Ulpien. Suivant Doneau, il est bien vrai de dire avec la loi 5, que le complice n'est jamais tenu d'après les termes de l'édit, c'est-à-dire de la condiction directe; mais la loi 53, sans contrarier ce principe, se borne à constater qu'il pourra être tenu d'une *condictio* utile, s'il a prêté son assistance au vol, parce qu'alors il sera censé l'avoir commis. Mais cette opinion de Doneau, qui ne s'appuie sur aucun texte, nous paraît trop arbitraire pour être admise. Pothier, rattachant la loi 6 à celle qui la précède, veut qu'elle ne s'applique qu'au cas où le voleur lui-même est tenu de la *condictio*, et soutient que, lorsque le voleur n'en est pas tenu, il faut, avec la loi 53, y soumettre le complice. Cette opinion nous paraît plus admissible.

Pour nous, en nous rappelant les principes que nous avons exposés sur les deux espèces de complicité, il ne nous paraît pas impossible de concilier les deux textes d'une manière satisfaisante. Le simple complice par conseil ne sera jamais tenu de la *condictio*, parce que, matériellement, il est toujours resté étranger au vol. Pour le complice par assistance, nous admettons comme règle générale la décision de la loi 5; mais s'il ne se borne pas à une assistance qui le tienne éloigné de l'objet volé; s'il l'appréhende, même après le vol commis; si, par exemple, il se charge de le transporter, il sera atteint par l'action *rei persecutoria*. La loi 53 ne dit pas, en effet, que le complice par assistance sera toujours tenu de la *condictio*; elle énonce une simple possibilité : *condici potest*, et cette possibilité nous semble résulter du caractère d'appréhension matérielle que peut parfois revêtir ce genre de complicité. Nous ne devons pas nous dissimuler toutefois que la conciliation que nous proposons présente un caractère conjectural qui ne nous permet de l'invoquer qu'avec réserve.

Que va-t-il arriver s'il y a, non plus un voleur et des complices, mais plusieurs coauteurs du vol? Nous avons vu que chacun est tenu *in solidum* de l'action *furti*. Il en est de même de la *condictio*, en ce sens que le propriétaire peut l'intenter contre un quelconque des voleurs à son choix; mais, tandis que l'action de vol, exercée contre l'un d'eux, n'en subsiste pas moins contre les autres, tous sont libérés de la *condictio*, dès que l'un d'eux a satisfait le propriétaire, soit en rendant l'objet, soit en en payant la valeur (1). La raison de cette différence est facile à comprendre si l'on se reporte à la nature même des deux actions. Au point de vue de l'action pénale, le maniement frauduleux constitue le vol, et il y a autant de

---

(1) L. 1 au Code, De condictione furtiva, IV, 8.

délits que de délinquants : les faits étant distincts, les peines doivent l'être aussi, et la peine due par l'un n'est pas la peine due par les autres. Quand il y a plusieurs délits commis par la même personne, la répression pénale de l'un de ces délits ne libère pas le coupable (1); à plus forte raison, quand il y a plusieurs délinquants, la poursuite intentée contre l'un d'eux ne libère pas les autres, et comme les peines sont distinctes, ce n'est pas violer la règle *non bis in idem*, que de poursuivre les coupables les uns après les autres. Au point de vue de l'action persécutoire, au contraire, il n'y a qu'une chose due, l'objet volé; elle l'est par tous et elle peut être réclamée contre tous : mais le payement fait par un seul éteint l'obligation vis-à-vis de tous, comme cela arrive au cas de *correi promittendi*, et la règle *non bis in idem* s'oppose à ce que l'on vienne réclamer à Secundus ce que Primus a déjà payé.

Ce que nous venons de dire montre bien que l'action de vol et la *condictio* ne tendent pas au même résultat. Nous avons déjà vu ce qui entre dans l'action de vol. Nous devons préciser maintenant ce qu'on demande par la *condictio*. Elle tend à obtenir la chose volée, et c'est toujours là ce qu'on réclame, sauf à n'obtenir que son estimation si la chose a péri; mais il faut, pour que l'estimation soit due, que la perte ait eu lieu, le voleur étant encore en demeure. Or, le voleur, qui est constitué en demeure par le seul fait du vol, ne cesse de l'être que lorsqu'il a fait au propriétaire l'offre de restituer. Jusque là, il n'y a point à examiner si la perte est arrivée par sa

(1) L. 2 pr., D., De privatis delictis, XLVII, 1.

faute ou par cas fortuit, et dans cette dernière hypothèse, si elle ne serait pas arrivée également chez le propriétaire. Par suite de ce principe, que le voleur est toujours en demeure, on prend pour base de l'estimation, quand la chose a péri, la plus haute valeur qu'elle ait eue depuis le vol, sans distinguer si c'est chez le voleur, par ses soins, et à ses frais qu'elle s'est améliorée.

Cette décision que nous trouvons écrite dans la loi 8, § 1, et dans loi 13 *De condictione furtiva*, se concilie parfaitement avec la loi 2, § 3, *De privatis delictis*, D. XLVII, 1, et c'est à tort que Mathæus a vu une contradiction entre ces deux textes. Que dit, en effet, la loi 2? Opposant la condiction furtive à l'action de la loi Aquilia, elle dit que l'estimation pourra ne pas être la même, parce que dans l'action de la loi Aquilia on prend pour base la plus haute valeur que la chose ait eue dans l'année, tandis que « *condictio ex causa furtiva non egreditur retrorsum judicii accipiendi tempus.* » Mathæus conclut de là que, suivant Ulpien, on ne peut pas, dans la condiction, prendre pour base une valeur antérieure au moment où l'instance est engagée. Nous croyons que l'interprète a mal compris ces mots : *judicii accipiendi tempus,* qui se réfèrent, non pas au temps où le procès a été intenté, mais au temps où le défendeur a été tenu de le subir : or par le fait de son délit, qui le met en demeure, le voleur est immédiatement tenu de subir l'instance, et par conséquent, c'est à partir de cette époque qu'il faudra, comme le dit la loi 8, § 1, apprécier la plus haute valeur de l'objet volé.

Nous avons dit l'objet principal, nécessaire, de la condiction furtive : mais elle peut accessoirement comprendre autre chose, c'est-à-dire tout le dommage que le propriétaire a éprouvé par suite de la privation de la possession : ainsi elle comprend les fruits, tant ceux qui ont été perçus par le voleur que ceux qui ne l'ont pas été, mais qui auraient pu l'être par le propriétaire (1). Ainsi encore, si vous me volez mon esclave et qu'il meure chez vous, après avoir été institué héritier, je pourrai agir contre vous pour toute la valeur de l'hérédité dont j'aurai été privé par suite de votre délit (2).

Il nous reste à examiner quelle est la durée de la condiction et quels sont les événements qui peuvent la faire cesser? Le propriétaire peut l'intenter, jusqu'à ce que la chose soit revenue en sa possession : aussi Julien disait-il que, pour qu'il y ait lieu à la *condictio* contre le voleur manifeste, il faut supposer qu'il a brisé ou détruit l'objet volé, avant d'être arrêté, sans quoi, le propriétaire ayant recouvré immédiatement la chose, la *condictio* n'aurait plus de raison d'être.

La transaction intervenue entre le voleur et le volé éteint l'action de vol, mais elle laisse subsister la *condictio*, car elle n'a pas eu pour effet de remettre le propriétaire en possession (3).

La *condictio* est éteinte quand la chose est recouvrée, soit par la restitution spontanée, soit par l'emploi de la revendication, ou quand le voleur a payé le montant du litige. Il en est de même si le propriétaire a perdu par son

---

(1) L. 8 § 2, D., De condictione furtiva, XIII, 1. — L. 62, § 1, D., De rei vindicatione, VI, 1.

(2) L. 3, D., De condictione furtiva, XIII, 1.

(3) L. 7, pr., eod. tit.

fait la propriété, ou s'il lègue purement et simplement l'objet volé, soit au voleur lui-même, soit à un tiers.

Nous avons dit que le voleur était en demeure par le fait même du vol, et que par suite il était tenu de la *condictio* lorsque la chose périssait entre ses mains, même par cas fortuit. Mais cette responsabilité rigoureuse n'existant qu'à cause de la demeure, cesse avec elle. La *mora* elle-même peut cesser de deux manières :

1° Si le voleur a régulièrement offert au propriétaire de lui rendre la chose, et que celui-ci, sans motif légitime, ait refusé de la recevoir. Par cette offre, en effet, le voleur, comme tout autre débiteur, a pu purger sa demeure (1).

2° Si l'obligation du voleur a été changée par la novation ; si, par exemple, le propriétaire a stipulé du voleur la restitution de sa chose. Cette stipulation serait valable : bien que nul ne puisse stipuler utilement sa propre chose, on peut en stipuler la restitution (2). Par là, la première obligation se trouvant éteinte, la demeure qui en était la conséquence est éteinte également ; et si la chose vient à périr sans que le débiteur ait été de nouveau en retard, et par cas fortuit, il sera libéré.

---

(1) L. 91, § 3, D., De verborum obligationibus, XLV, 1.
(2) L. 29, § 1, et l. 82, pr., eod. tit.

DROIT FRANÇAIS.

AVANT-PROPOS.

Notre ancienne législation pénale présente dans son ensemble un caractère d'excessive sévérité. En ouvrant les anciennes ordonnances, en étudiant les coutumes, on est frappé de la facilité avec laquelle on prononçait la peine de mort. C'est que le droit criminel de notre monarchie, s'il différait beaucoup de celui des barbares et de la féodalité, n'avait, pas plus que les législations antérieures, compris les véritables fondements sur lesquels il devait s'appuyer. Si les lois barbares donnent pour mobile au droit de punir la vengeance individuelle, et les lois féodales la vengeance des seigneurs, nos ordonnances ne font qu'y substituer la vengeance du roi. Ni la théorie spiritualiste de l'expiation, ni la théorie utilitaire de l'intérêt social, n'avait inspiré les légistes. Habitués à considérer le roi comme le successeur des empereurs romains, et transportant dans les matières juridiques les idées qu'ils s'étaient efforcés de faire prévaloir dans l'ordre politique, ils ne considéraient tous les crimes que comme des offenses au pouvoir royal. Dans leur esprit, ce n'est pas la société qui se protége par les lois pénales contre de dangereux agresseurs; c'est le souverain offensé dans sa dignité suprême qui se venge d'un coupable, comme il ferait d'un ennemi. Et ce n'est pas seulement dans les coutumes, ce n'est pas seulement dans les ordonnances du XIVe ou du XVe siècle, que nous trouvons les différentes espèces de vols punies de peines hors de proportion avec la criminalité des faits : la même rigueur se remarque dans des édits, dans des déclarations postérieurs, et rendus à une époque où les progrès de la civilisation et l'adoucissement des mœurs auraient dû, ce semble, exercer sur le droit pénal une salutaire influence. Pour n'en citer qu'un exemple, la déclaration du 4 mars 1724, par son art. 2, punissait de mort les vols domestiques.

L'excès de rigueur n'était pas le seul défaut de cette législation; on peut lui faire un autre reproche : c'est que les peines étaient, dans une mesure beaucoup trop large, abandonnées à l'arbitrage du juge, auquel ces mots, répétés à chaque pas dans les ordonnances, « suivant l'exigence des cas, » donnaient une latitude d'appréciation presque sans limite.

A ce dernier point de vue, on peut dire que le Code pénal de 1791 et les autres lois rendues pendant la révolution étaient tombés dans l'excès contraire. A force de vouloir resserrer l'autorité des magistrats, la législation intermédiaire en était arrivée à ne plus leur permettre de graduer en aucune façon le châtiment; dans les nombreuses dispositions qu'il consacrait au vol, le Code de 1791 déterminait la peine applicable à chaque espèce d'une manière invariable, non-seulement quant à sa nature, mais encore quant à sa durée.

Le Code pénal de 1810 avait, ce nous semble, pris une juste limite entre ces deux systèmes, et posé aux appréciations personnelles du juge des bornes équitables. Peut-être le législateur de 1832 a-t-il incliné d'une manière trop sensible vers le système ancien, et a-t-il trop abandonné à l'arbitrage des magistrats. Peut-être, par exemple, est-il regrettable qu'un vol avec escalade puisse être puni de vingt ans de travaux forcés ou de deux ans de prison.

Hâtons-nous d'ajouter toutefois que l'organisation des circonstances atténuantes et la nécessité, pour que ces résultats extrêmes se produisent, d'un concours de volontés entre le jury et la cour d'assises, font, sinon disparaître, au moins s'affaiblir beaucoup les dangers que les peines arbitraires présentaient dans l'ancien droit.

Le Code pénal de 1810 avait organisé sur des bases trop sévères le système répressif en matière de vols, en multipliant la peine des travaux forcés et en infligeant le dernier supplice dans des cas où il y avait attentat seulement à la propriété et non à la vie humaine. Une réforme partielle fut faite par la loi du 25 juin 1824; elle fut complétée en 1832, et nous croyons que les peines établies par cette loi, qui nous régit actuellement, sont, en général, justement proportionnées à la gravité des vols. Nous aurons cependant occasion de faire remarquer certaines anomalies qui tiennent à ce que les auteurs de la loi ne se sont pas suffisamment préoccupés de mettre ses dispositions d'accord avec celles du Code de 1810 qu'ils laissaient subsister.

CHAPITRE Ier.

DES ÉLÉMENTS CONSTITUTIFS DU VOL.

Nous avons dit, au début de cette étude, que notre droit avait repoussé la distinction reconnue par le droit romain entre les délits publics et les délits privés, et qu'au point de vue de la répression pénale, nous n'avions rien de semblable à l'action de vol, telle que l'entend le titre du Digeste intitulé *De furtis;* mais nous avons prévenu le lecteur qu'il trouverait, au point de vue des éléments constitutifs du vol, une remarquable analogie entre les principes des deux législations.

Voici, en effet, comment l'art. 379 du Code pénal définit le vol :

« Quiconque a soustrait frauduleusement une chose qui ne lui appartient pas est coupable de vol. »

Cette définition est la reproduction presque textuelle de celle que nous avons vue dans les *Sententiæ* de Paul ; mais nous montrerons bientôt qu'elle n'a pas absolument la même portée.

Chez nous, comme à Rome, trois conditions sont nécessaires pour qu'il y ait vol : il faut d'abord un fait matériel, la soustraction; il faut ensuite une intention frauduleuse; il faut enfin que l'objet appartienne à autrui.

Quel est le sens exact du mot soustraction? Suivant

Merlin, ce mot est la traduction précise de la *contrectatio* romaine; et, par conséquent, le maniement de la chose, même sans qu'elle soit enlevée ou déplacée, suffit pour constituer un des éléments du vol (1). MM. Chauveau et Faustin-Hélie pensent, au contraire, que la soustraction suppose le déplacement de l'objet, et disent avec la cour de cassation que pour soustraire, il faut prendre, enlever, ravir (2). Nous adoptons cette dernière opinion; elle nous paraît plus conforme au sens naturel du mot soustraction, qui implique quelque chose de plus qu'un simple maniement. Aussi ne verrions-nous pas un vol, comme le veut Merlin, dans le fait du dépositaire ou de l'emprunteur qui abuse du dépôt ou du prêt; en effet, nous croyons que l'existence d'une possession antérieure et légitime a paru au législateur devoir suffire pour écarter l'idée de soustraction. C'est par la volonté du propriétaire que la chose est sortie de ses mains; si ensuite le nouveau possesseur entend se l'approprier, il pourra, suivant les cas, commettre un abus de confiance, mais il ne commettra pas un vol.

Donc, à ce premier point de vue, il faut signaler cette différence entre le *furtum* romain et le vol, tel que l'entend le Code pénal, que le premier était plus étendu que ne l'est le second; et si l'on peut dire avec vérité que tout ce qui est chez nous soustraction aurait été à Rome *contrectatio*, on ne peut, sans inexactitude, renverser cette proposition.

La nécessité de la soustraction pour constituer un vol

---

(1) Merlin, Rép., v° vol., section 1, n° 2.
(2) Théorie du Code pénal, v, p. 26; Cass., 18 novembre 1837.

explique parfaitement pourquoi, chez nous, les objets mobiliers et corporels sont seuls susceptibles d'être volés. Les immeubles, en effet, ne peuvent pas être déplacés par la main de l'homme; et quant aux choses incorporelles, aux droits, il est bien évident que la soustraction est un acte physique qui ne peut s'exercer que sur des objets matériels.

Lors même qu'il y a eu soustraction, il n'y a pas vol, si à ce fait matériel n'est pas venue se joindre l'intention frauduleuse. Toutes les fois que la fraude n'existe pas, toutes les fois qu'on a opéré la soustraction, soit en se croyant propriétaire, soit en pensant agir du consentement du propriétaire, on peut être tenu d'une réparation civile, si le fait a été dommageable; on n'est pas justiciable des tribunaux de répression.

Mais faut-il, pour que la soustraction frauduleuse constitue un vol, que l'auteur du fait ait eu l'intention de s'approprier la chose, ou suffit-il, au contraire, que le propriétaire ait été dépouillé, lors même que le crime aurait eu pour mobile le simple désir de nuire? Nous savons qu'en droit romain la question ne faisait pas doute; il fallait, pour qu'il y eût vol, qu'une pensée cupide eût présidé à la soustraction. Le Code n'a pas consacré cette doctrine; du moment que la fraude est établie, peu importe que ce soit tel ou tel motif qui ait poussé au crime; le vol existe, qu'il soit fait ou non *lucri faciendi causa*. On comprend, en effet, que, quel que soit le but que le voleur s'est proposé en dernière analyse, il a commis une atteinte volontaire au droit de propriété, droit que la loi veut faire respecter.

Nos anciens auteurs se demandaient si, dans le cas où

l'extrême indigence avait été la cause du vol, cette circonstance ne devait pas faire disparaître l'intention frauduleuse. Le droit canonique avait posé comme règle l'impunité des vols commis sous le coup de la nécessité. Jousse (1) et Muyart de Vouglans (2) admettent et développent ce principe ; Mathæus (3) et Voët (4) le condamnent, en refusant de voir là une excuse absolutoire, pour y trouver seulement un motif d'atténuation. Le Code pénal est resté muet sur la question, et son silence ne peut être interprété que dans le sens de la criminalité. En effet, une bonne législation pénale ne saurait admettre que le besoin autorise jamais à s'emparer de la chose d'autrui. La propriété est considérée comme devant être sacrée pour tous ; le respect du droit fait partie du sens moral, que la plus absolue nécessité peut affaiblir, mais non pas annihiler dans les individus.

Enfin, une troisième condition requise pour qu'il y ait vol, c'est que la chose soustraite appartienne à autrui. Celui qui soustrait sa propre chose ne commet pas un vol. Le droit romain admettait ce principe, mais il y avait apporté de notables restrictions, en reconnaissant que le propriétaire pouvait voler l'usage ou la possession de sa chose. Il nous paraît incontestable que ces restrictions n'ont pas passé dans notre droit, et nous croyons, avec la cour de cassation (5), que le débiteur qui sous-

(1) Traité de justice criminelle, IV, p. 256.
(2) Lois criminelles, p. 279.
(3) De furtis, n° 7.
(4) De furtis, n° 8.
(5) Cass., 29 octobre 1812 ; Cass., 27 mars 1807.

trait frauduleusement à son créancier l'objet par lui remis en gage ne commet pas un vol, puisqu'il n'avait pas cessé d'en être propriétaire.

Mais au contraire il y a vol dans le fait du créancier qui, en vue de se récupérer des sommes à lui dues, s'empare d'une chose appartenant à son débiteur. Il en est de même du fait d'un propriétaire qui enlève les fruits d'un jardin qu'il a donné à bail, dans l'intention de se les approprier au préjudice du fermier (1). Dans ces deux cas, en effet, il y a soustraction frauduleuse de la chose d'autrui.

On comprend, cependant, que l'existence d'une créance pourra quelquefois faire admettre qu'il n'y a eu de la part du créancier, qui s'est emparé de la chose de son débiteur, qu'une simple erreur de droit dépouillée de l'intention frauduleuse qui caractérise le vol. C'est ainsi que la cour suprême a décidé que celui qui se fait remettre par violence des sommes qu'il croit lui être dues ne commet pas un vol.

Comme on ne peut voler que ce qui appartient à autrui, les choses qui n'ont pas de maître ne peuvent pas faire l'objet d'un vol. Ainsi chacun a le droit de s'emparer des varechs et autres herbes marines que les flots rejettent sur la grève. Ce droit est consacré par l'ordonnance de 1681 et par un arrêté du 18 thermidor an X. Ainsi encore, l'occupation est reconnue par la loi comme un moyen d'acquérir la propriété en matière de chasse et de pêche (art. 715, Code civ.).

L'art. 716 du Code civil dispose que, lorsqu'un trésor

(1) Cass., 12 août 1847.

est trouvé dans un fonds par un autre que le propriétaire, il appartient pour moitié à l'inventeur. Qu'arrivera-t-il si l'inventeur le soustrait en totalité? Le tribunal de Châlons a jugé dans cette hypothèse que la copropriété existant entre le propriétaire et l'inventeur devait avoir pour effet d'exempter celui-ci des peines du vol, et que le propriétaire lésé n'avait d'autre action qu'une demande en partage intentée devant les tribunaux civils; mais la cour de cassation a cassé le jugement par cette raison péremptoire « que celui qui s'empare frauduleusement de la totalité d'une chose qui ne lui appartient que pour une partie, commet nécessairement un vol de la partie qui ne lui appartient pas (1). »

Le motif parfaitement exact sur lequel se fonde l'arrêt que nous venons de rapporter va nous donner la solution de deux questions controversées.

Y a-t-il vol de la part du cohéritier qui détourne les effets de la succession? Dans notre ancien droit, Jousse nous apprend que la seule peine de ce détournement consistait, pour le coupable, dans la perte du bénéfice d'inventaire et dans la privation de sa part dans les choses détournées. Un auteur moderne, M. Bourguignon, a soutenu qu'il en devait être de même aujourd'hui, le Code pénal n'ayant pas abrogé les principes anciens en cette matière. Il prétend que les motifs de convenance qui ont fait édicter l'art. 380 doivent s'appliquer ici, et que, d'ailleurs, les art. 792 et 801 du Code Napoléon, en déclarant l'héritier coupable déchu de la faculté de renonciation et du bénéfice d'inventaire, contiennent des dis-

(1) Cass., 18 mai 1837.

positions pénales qui sont exclusives d'une autre pénalité. Nous repoussons sans hésiter cette doctrine. Nous aurons bientôt occasion de montrer, en expliquant l'article 380, que cet article est limitatif et non pas énonciatif. Quant aux art. 792 et 801 du Code civil, ils établissent une peine privée pécuniaire au profit des cohéritiers innocents; ils règlent une question de dommages-intérêts, et, pour qu'ils fissent obstacle à l'application de la loi pénale, il faudrait que cela résultât formellement de leur texte. Enfin, l'argument tiré de l'ancien droit est sans valeur, en présence des termes de l'art. 379, qui définit le vol une soustraction frauduleuse de la chose d'autrui, et dont l'arrêt de 1827 donne un commentaire si juste et si précis.

A plus forte raison appliquerons-nous l'art. 379 à l'associé qui soustrait la chose sociale. Ici notre ancienne jurisprudence admettait elle-même qu'il pouvait y avoir vol, tout en observant, avec raison, que le droit qu'on a sur la chose soustraite pourra souvent faire écarter l'idée d'une soustraction frauduleuse; mais, en principe, la criminalité de ce fait n'est pas douteuse, et nous nous rappelons que la loi romaine n'avait pas étendu à l'associé l'exemption de peine dont elle couvrait le cohéritier.

Il est un point sur lequel nos lois civiles et pénales présentent une regrettable lacune; nous voulons parler des objets perdus dont le maître ne se représente pas. Les anciennes coutumes accordaient, en général, ces épaves au seigneur justicier. La loi des 13-20 avril 1791 porte dans son art. 7 que le droit d'épaves n'aura plus lieu au profit des ci-devant seigneurs, et l'art. 717 du Code Napoléon déclare que les droits sur les choses perdues dont le maître ne se représente pas, seront régies par des lois particulières. Ces lois n'ont pas été faites, et cette matière n'offre encore aujourd'hui qu'embarras et qu'incertitudes.

Au point de vue spécial de cette étude, nous avons à nous demander si l'individu qui trouve un objet perdu, égaré sur la voie publique et qui se l'approprie, commet un vol. La plupart des auteurs, MM. Faustin-Hélie, Carnot, Legraverend, et la cour de cassation font une distinction : l'intention frauduleuse a-t-elle concomité avec le fait matériel, il y a vol; n'a-t-elle pris naissance que postérieurement, le fait échappe à la répression; mais la jurisprudence voit la preuve de l'intention frauduleuse *ab initio* dans ce seul fait, que l'inventeur n'a tenté aucune démarche pour retrouver le propriétaire de l'objet. Nous ne pouvons admettre cette doctrine.

Nous convenons que si le prévenu a connu le propriétaire, s'il a vu tomber de sa poche l'objet dont il s'est emparé, cet acte rentre dans les termes de l'art. 379. Mais, à défaut de cette circonstance, nous croyons que le fait de s'approprier un objet trouvé ne constitue ni légalement, ni moralement, le délit de vol.

Et d'abord, nous ne voyons pas dans ce fait la soustraction frauduleuse de la chose d'autrui. Un homme trouve un objet sur la voie publique : il ne voit pas, il ne connait pas celui qui l'a perdu. A qui fait-il tort en s'en emparant? Vis-à-vis de qui a-t-il une intention frauduleuse? Qui croit-il léser? A l'égard de qui la chose estelle à ses yeux *res aliena?* Il enlève la chose, il s'en empare, il la garde, soit; mais il ne la soustrait pas, il ne la vole pas, il ne la dérobe à personne. Veut-on sur' cette matière, dont nos Codes ne se sont pas occupés, demander des lumières à l'ancien droit? On verra que le fait dont nous parlons n'était pas apprécié et puni comme le vol. Pothier, dans son *Traité de la propriété*, nos 68 et suivants, dit que celui qui a trouvé l'épave, est obligé de la déférer à la justice, c'est-à-dire qu'il est obligé d'en aller faire sa déclaration au greffe du lieu où l'épave a été trouvée. Mais s'il néglige de remplir cette obligation, quelle peine encourra-t-il? Sera-ce la peine du vol? Non; Pothier nous apprend qu'il sera passible d'une simple amende fixée par plusieurs coutumes, notamment par l'art. 166 de la coutume d'Orléans, à soixante sous, et laissée par d'autres à l'arbitrage du juge. Puis, au regard du propriétaire de l'épave, du *seigneur d'icelle*, la coutume d'Orléans ajoute que l'inventeur sera tenu à des dommages-intérêts. Mais la coutume se garde bien d'ajouter qu'il sera puni comme voleur.

Et nous trouvons cette décision plus équitable et mieux fondée que celle des auteurs modernes et de la jurisprudence. Punir au même titre et de la même peine l'homme qui me dérobe ma bourse dans ma poche, et l'homme qui ramasse un objet perdu sur la voie publique, c'est confondre deux faits distincts, qui ne supposent ni la même audace, ni la même perversité. Le premier a prémédité un vol, le second a cédé à une inspiration mauvaise, il n'a pas su résister à la tentation ; mais la tentation s'est offerte à lui, il n'a pas été au devant. Il fait un acte que la morale réprouve ; mais il n'est guère plus répréhensible que celui qui, par de fausses déclarations, fraude les droits de l'enregistrement. A-t-on jamais songé à appliquer à ce dernier les peines du vol? Enfin, ajoutons avec M. Duvergier, que la criminalité d'un acte doit se mesurer au danger social qu'il présente, et que le voleur pourra, s'il est surpris, se porter à des violences graves pour s'assurer l'impunité, tandis qu'aucun effet semblable ne résulte de la conservation d'un objet par celui qui l'a trouvé.

Et puisque, quand l'objet est véritablement perdu, c'est-à-dire quand celui qui le trouve n'en connait pas le propriétaire, il n'y a pas soustraction frauduleuse, nous ne pouvons admettre non plus, avec la cour de cassation (1), que lorsque la chose étant réclamée par le propriétaire, celui qui s'en est emparé nie l'avoir enlevée, et manifeste ainsi l'intention d'en faire son profit, il commet une soustraction frauduleuse qui caractérise le vol. En quoi la dénégation, circonstance postérieure à l'enlèvement et qui en est indépendante, peut-elle en changer le caractère? Il n'y a pas plus vol dans ce cas qu'il n'y a vol, comme l'a reconnu la cour de cassation elle-même, dans celui où un débiteur, sous prétexte de renouveler ses titres, se fait remettre les anciens en échange d'un nouveau, qu'il n'a pas signé (2).

Nous terminons en appelant de tous nos vœux une loi qui frappe dans de justes limites le fait blâmable sur lequel nous venons de nous expliquer, et qui remplisse les promesses du Code civil, en réglant la propriété des objets perdus.

Il peut arriver que le prévenu de vol soulève une question préjudicielle, en prétendant, soit que la chose était

---

(1) Cass., 4 avril 1823 et 7 septembre 1855; Conf. Paris, 9 novembre 1855.
(2) Cass., 9 septembre 1826.

perdue, soit qu'il en était propriétaire. La première prétention est une question de fait, que le tribunal de répression a pouvoir de trancher souverainement; quant à l'exception de propriété, quelle est la juridiction compétente pour statuer? Le juge criminel a le droit de la résoudre, puisqu'il a le droit d'apprécier tous les faits constitutifs du délit; mais nous pensons qu'il peut aussi renvoyer devant les tribunaux civils l'examen de la question préjudicielle, et c'est même là ce qu'il devra faire toutes les fois que l'exception lui paraîtra sérieuse, et qu'il y reconnaîtra autre chose que le désir de gagner du temps et d'arrêter l'action de la justice.

Nous connaissons maintenant quelles sont les conditions essentielles à l'existence du vol. Toutes les fois qu'elles se trouveront réunies, le délit sera constant, et c'est ici le lieu de faire remarquer que le repentir et la restitution, même immédiate, de l'objet volé, ne font pas disparaître le caractère criminel du vol, sauf aux magistrats à apprécier s'il ne convient pas de couvrir d'un généreux pardon une faute si promptement réparée.

Mais il y a un cas où l'action publique est désarmée, où le vol, bien que constant, ne peut donner lieu qu'à des réparations civiles : c'est celui où les soustractions ont été commises « par des maris, au préjudice de leurs femmes; par des femmes, au préjudice de leurs maris; par un veuf ou une veuve, quant aux choses qui avaient appartenu à l'époux décédé; par des enfants ou autres descendants, au préjudice de leurs pères ou mères ou autres ascendants; par des pères et mères ou autres ascendants, au préjudice de leurs enfants ou autres descendants, ou par des alliés aux mêmes degrés. » Cette disposition est écrite dans l'art. 380; il en résulte que le ministère public ne peut, ni d'office, ni sur la plainte de la partie lésée, traduire les auteurs de ces soustractions devant la justice criminelle. « Il serait extrêmement dangereux, disait M. Faure dans l'exposé des motifs, qu'une accusation pût être poursuivie dans des affaires où la ligne qui sépare le manque de délicatesse du véritable délit est souvent très-difficile à saisir. » Nous croyons que M. Faure a donné le véritable motif de l'art. 380. Ce qui a déterminé le législateur à consacrer cette immunité, c'est beaucoup moins, en effet, le désir de ne pas scruter les secrets des familles, que l'espèce de droit que les qualités de fils ou de femme donnent sur la chose même que l'on soustrait. La famille, en effet, est un être collectif dont chaque membre a une sorte de copropriété sur tout ce qui en forme le patrimoine; copropriété imparfaite sans doute, mais qui est en quelque sorte reconnue par la loi; n'est-ce pas en vertu de cette idée que le Code reconnaît au conjoint et aux parents le droit de provoquer l'interdiction d'un faible d'esprit, la nomination d'un conseil judiciaire à un prodigue? Quant à la pensée de ne pas divulguer devant la justice les scandales domestiques, nous ne voulons pas dire qu'elle ait été étrangère au législateur; mais nous affirmons qu'à elle seule elle ne l'eût pas déterminé. Nous n'en voulons pour preuve que ce fait, qu'en toute autre matière, et notamment en matière de faux, le Code n'a pas de disposition analogue à celle de l'art. 380, et n'hésite pas à préférer l'intérêt social de la répression à l'intérêt de l'honneur des familles.

Ainsi, la portée de l'article 380 nous paraît être

d'exclure, non seulement la répression, mais encore la criminalité des actes qu'il prévoit : en d'autres termes, les soustractions dont nous parlons ne sont pas des actes délictueux. En appliquant cette idée, nous résoudrons sans difficulté une question controversée.

L'article 304 du code pénal, qui prononce contre le meurtre la peine des travaux forcés à perpétuité, dit que cette peine sera la mort, lorsque le meurtre aura précédé, accompagné ou suivi un autre crime. Supposons qu'un gendre tue son beau-père, soit pour le voler plus facilement, soit pour s'assurer l'impunité d'un vol déjà commis : cette circonstance pourra-t-elle être relevée comme circonstance aggravante et de nature à entraîner la peine capitale? La cour de cassation, contrairement à l'opinion de la cour de Poitiers, a consacré l'affirmative (1). Elle fonde son arrêt sur ce que les exceptions de l'art. 380 ne sont applicables qu'au cas où le vol forme l'objet principal de la prévention, et non à celui où il n'en est qu'un accessoire, « parce qu'alors le vol que le meurtre a précédé, accompagné ou suivi, n'est pas seulement un crime connexe avec le crime de meurtre, mais bien une circonstance aggravante de ce crime. » Nous sommes peu touché de cet argument. La distinction entre le vol objet principal et le vol objet accessoire de l'inculpation est complètement arbitraire, et n'est autorisée ni par le texte, ni par l'esprit de la loi. Le texte, d'abord, en déclarant que ces faits ne pourront donner lieu qu'à des réparations civiles, semble bien par là les considérer comme inexistants au point de vue de l'action publique. Puis, quelle

(1) Cass., 21 décembre 1837.

est l'intention de l'art. 380? C'est d'exonérer de toute peine les soustractions commises par certaines personnes. Or, qu'importe qu'au lieu d'être punies comme délit, elles le soient comme circonstance d'un autre crime? N'est-ce pas toujours éluder l'impunité absolue qui leur est assurée par la loi? Enfin, et ceci est important, l'arrêt que nous critiquons, qui ne pourrait se justifier même en admettant que notre article n'a supprimé que la pénalité, se soutient encore bien moins, si l'on reconnait avec nous qu'il a supprimé la criminalité. L'article 304 n'admet en effet comme circonstance aggravante que la concomitance d'un crime qualifié tel par la loi. Si donc les soustractions de l'article 380 ne constituent pas des faits délictueux, comment en faire des circonstances qui doivent, de toute nécessité, avoir ce caractère?

La cour de cassation elle-même a reconnu, par une jurisprudence aujourd'hui constante, que les soustractions dont nous parlons ne renferment ni crimes ni délits. En effet, après avoir jugé, en 1819 (1), que le complice d'un fils qui avait volé son père était punissable, elle a décidé par plusieurs arrêts, qu'il ne devait pas être poursuivi, sauf dans des cas dont nous parlerons bientôt, et qui ne nous paraissent pas être des cas de complicité (2). La jurisprudence fait une juste application de l'article 59 du code pénal, où il est dit que les complices seront punis de la même peine que les auteurs, et d'où résulte cette règle universellement admise, que, s'il n'y a pas lieu à

---

(1) Cass., 25 février 1819; Dalloz, voy. *Complicité*, n° 70.

(2) Cass., 15 avril 1825; Cass., 20 juin 1827; Dalloz, voy. *Complicité*, n° 79; Cass., 1er octobre 1840.

poursuite contre l'auteur principal, il n'y a pas lieu à poursuite contre le complice. Tenons donc pour certain que les complices des faits qui nous occupent ne sont passibles d'aucune peine, s'ils n'ont ni recélé, ni appliqué à leur profit les objets soustraits.

Ce que nous venons d'avancer résulte *a contrario* du 2me alinéa de notre article : « A l'égard de tous autres individus qui auraient recélé ou appliqué à leur profit tout ou partie des objets volés, ils seront punis comme coupables de vol. »

C'est à ces individus que nous faisions allusion plus haut, en disant que nous ne les considérons pas comme de véritables complices : ils sont auteurs principaux, et parce que le texte le dit lui-même en déclarant qu'ils seront punis comme *coupables* de vol, et parce que, nous le répétons, on ne saurait être complice d'un délit qui n'existe pas.

Et ce n'est pas une simple question de mots que de savoir à quel titre seront poursuivies les personnes dont parle l'article 380-2°. Si c'est comme complices, elles ne pourront décliner la responsabilité des circonstances aggravantes qui auraient pesé sur l'auteur principal, s'il avait pu être mis en accusation. C'est ce qu'a décidé la cour de cassation par un arrêt qui déclare la peine de la réclusion régulièrement appliquée au recéleur d'effets volés par une femme à son mari, la nuit et dans une maison habitée (1). Il est vrai que cet arrêt était à peu près contemporain de celui par lequel la même cour jugeait que le complice ne pouvait jamais s'abriter derrière l'ar-

(1) Cass., 8 octobre 1818.

ticle 380. Il est permis de croire que si la question se représentait, elle serait tranchée dans un sens opposé. Quant à nous, nous n'hésitons pas à admettre que le recéleur, étant ici puni comme auteur principal et non comme complice d'un crime inexistant, ne répond que de son fait, que les circonstances aggravantes que l'on pourrait relever contre l'agent direct de la soustraction ne peuvent lui préjudicier, et qu'en conséquence il n'est passible que des peines du vol simple.

Il importe, au point de vue de l'article 380, de distinguer avec soin les coauteurs des complices. Nous n'appliquerons pas en effet la doctrine que nous avons exposée aux coauteurs : ceux-ci ne peuvent à aucun titre invoquer le bénéfice de cet article ; ils n'ont droit à aucune immunité, car ils sont coupables d'un fait qui à lui seul constitue un délit principal (1). Mais à quoi reconnaîtra-t-on le complice du coauteur? « L'auteur d'un délit, dit M. Rauter (2), est celui qui commet l'acte même du délit, selon la description du délit faite par la loi : ainsi l'auteur du crime d'incendie est celui qui a mis le feu ; celui qui a provoqué à cet acte n'est pas l'auteur de l'incendie ; il en peut être l'auteur accessoire ou l'auteur moral, mais il n'est pas l'auteur matériel ou réel. L'auteur du délit peut être multiple, c'est-à-dire plusieurs personnes peuvent être ensemble auteurs du délit ; en ce cas on les appelle coauteurs. » La complicité est, en général, la participation directe ou indirecte, avec connaissance de cause, à un fait coupable dont un autre est

---

(1) Cass., 12 avril 1844 ; Cass., ch. réunies, 23 mars 1845.
(2) I, n° 110.

l'auteur principal. Le Code n'ayant donné nulle part la définition du coauteur, il est souvent bien délicat de le distinguer du complice ; et la cour de cassation a été jusqu'à juger que le terme complice dont se sert l'article 59 du Code pénal, comprend le coauteur.

L'art. 380 contient évidemment une dérogation au droit commun : il suit de là qu'on ne peut l'étendre ni à d'autres faits, ni à d'autres individus que ceux qui y sont mentionnés. Le faussaire ne pourrait donc pas invoquer cette immunité (1); et, si MM. Chauveau et Faustin-Hélie enseignent que l'auteur d'un abus de confiance ou d'une escroquerie serait admis à s'en prévaloir, cette opinion, qui a certainement pour elle l'esprit de la loi, pourrait être contestée le texte à la main ; car un abus de confiance et une escroquerie ne sont pas des soustractions (2).

Un frère qui commettrait un vol au préjudice de son frère serait punissable, car l'art. 380 ne parle pas de ce degré de parenté (3) ; mais les enfants naturels reconnus et les enfants adoptifs sont compris dans la disposition qui nous occupe. Il faut remarquer seulement qu'ils ne pourront l'invoquer que si la soustraction a été commise par eux envers les pères et mères naturels ou adoptants,

---

(1) Cass., 15 octobre 1818 ; Cass., 17 décembre 1829.

(2) Nous n'avons trouvé sur cette question qu'un arrêt de la Cour de Cassation du 10 pluviôse an X, qui décide que l'escroquerie commise par une fille au préjudice de sa mère est punissable : mais il ne peut être invoqué, car il est antérieur au Code pénal, et la législation intermédiaire n'avait pas de disposition analogue à celle de l'art. 380. — Deux arrêts récents de cours impériales ont étendu l'art. 380 aux cas d'abus de confiance et d'escroquerie (Orléans, 10 janv. 1859, Toulouse, 9 avril 1851).

(3) Cass., 14 mars 1818.

et non si elle l'a été envers les parents de ceux-ci ; on sait, en effet, que les enfants naturels et adoptifs demeurent étrangers à la famille de celui qui les a reconnus et adoptés.

CHAPITRE II.

PÉNALITÉS.

Nous connaissons maintenant et les éléments constitutifs du vol et les cas où tous ces éléments se trouvant réunis, il n'y a pas lieu cependant à l'exercice de l'action publique. Nous allons jeter un rapide coup d'œil sur la manière dont le Code a organisé la répression des soustractions frauduleuses. Cette organisation est assez compliquée : elle se trouve dans les articles 381 à 401 du Code pénal.

Une distinction fondamentale qui domine la matière est faite par les auteurs : c'est celle des vols simples et des vols qualifiés.

SECTION I.

Vols simples.

Les vols simples sont ceux qui, réunissant tous les caractères que nous avons étudiés dans le chapitre précédent, ne sont accompagnés d'aucune circonstance de nature à leur donner une physionomie particulière. L'article 401 fixe les peines qui devront leur être appliquées.

Ces peines sont au nombre de quatre, dont une seule est obligatoire pour les juges et dont les trois autres sont facultatives, mais peuvent être prononcées pour le même fait cumulativement avec la première.

La peine obligatoire est celle de l'emprisonnement, dont la durée est d'un an au moins et de cinq au plus. Lorsque nous disons qu'elle est obligatoire, nous nous plaçons, bien entendu, au point de vue de l'art. 401 ; car lorsqu'il existe des circonstances atténuantes, les tribunaux ont le droit, en vertu de l'art. 463, *in fine*, non-seulement de prononcer un emprisonnement de moins d'une année, mais encore de remplacer cette peine par une amende.

Les trois peines facultatives sont l'amende, qui peut varier entre 16 et 500 francs; l'interdiction pendant cinq ans au moins et dix ans au plus des droits civiques, civils et de famille, énumérés dans l'art. 42, et la surveillance de la haute police, pendant le même nombre d'années après l'expiration de la peine. Ces deux dernières pénalités ne sont d'ordinaire infligées qu'aux voleurs endurcis et dangereux.

L'art. 401 parle des vols, des larcins et des filouteries. Il n'en faudrait pas conclure que les larcins et les filouteries ne sont pas des vols. Ces délits, aux termes d'une jurisprudence constante, ne tombent sous l'application de cet article que s'ils réunissent les trois éléments du vol (1); ce ne sont donc pas des délits distincts, ce sont de simples variétés du vol. Sous l'ancienne jurisprudence, les larcins étaient des soustractions frauduleuses

(1) Cass., 7 mars 1817 ; Cass., 25 mars 1824, etc.

faites « par surprise ou industrie et en cachette ; » les filouteries s'exécutaient sans mystère, mais par adresse et par ruse, et le vol, proprement dit, était accompagné de violence. L'intérêt de ces distinctions était sérieux dans l'ancien droit, car la pénalité variait, il est nul aujourd'hui, et le Code eût pu se dispenser de reproduire des expressions dont la diversité n'entraîne aucune conséquence pratique.

Il est une espèce de vols qualifiés dont nous devons traiter dans cette section, car ils ne sont punis que de peines correctionnelles ; nous voulons parler des vols commis dans les champs. La place qu'occupe l'art. 388 aurait lieu d'étonner, si on ne se reportait aux dispositions qu'il contenait sous le Code pénal de 1810. Il n'y a pas, dans notre législation pénale, d'actes dont la répression ait subi des variations plus nombreuses que ceux dont nous parlons. Punis des galères sous l'ancien droit, et de quatre années de détention sous l'empire du Code de 1791, ils ne furent plus frappés, aux termes de l'article 11 de la loi du 25 frimaire an VIII, que d'un emprisonnement de trois mois à un an, ou de six mois à deux ans, suivant qu'ils avaient été commis de jour ou de nuit. Le Code pénal de 1810 divise ces vols en deux catégories : son art. 388 distingue les objets qui étaient forcément exposés à la foi publique, les instruments d'agriculture, les récoltes, les bestiaux, et ceux que le propriétaire pouvait garder et surveiller : le vol des uns était un crime, le vol des autres n'était qu'un délit. Mais on remarqua que les jurés, qui n'avaient pas alors le pouvoir de reconnaître les circonstances atténuantes, acquittaient presque constamment les auteurs de ces vols, pour lesquels la peine de la réclusion semblait exagérée : et la loi du 25 juin 1824 décida, par son art. 2, que ces vols seraient jugés correctionnellement, et punis des peines de l'art. 401.

La loi du 28 avril 1832 conserve à tous les vols commis dans les champs le caractère de délits; mais elle ne les frappe pas tous de la même peine. Les dispositions de l'art. 401 continuent à être applicables aux vols de chevaux ou bêtes de charge, de voiture ou de monture, de gros et menus bestiaux, ou des instruments d'agriculture dans les champs, ainsi qu'aux vols de bois dans les ventes, de pierres dans les carrières et de poisson dans les réservoirs. La seule différence est que l'amende, facultative dans l'art. 401, est obligatoire dans tous les cas prévus par l'art. 388. Nous ferons remarquer cependant que les juges doivent viser l'art. 388, et non l'art. 401, bien que maintenant les peines soient presque identiques. Si, au contraire, les bestiaux avaient été volés dans une étable, ou les poissons dans un panier, c'est à l'art. 401 que le jugement devrait se référer.

Une seconde observation, qui a son importance, c'est que si les vols dont nous venons de parler ont été accompagnés des circonstances aggravantes que nous étudierons dans la section suivante, ils cessent d'être des délits et prennent le caractère de crimes (1).

L'art. 388 prévoit ensuite, dans ses alinéas 3 et 4, le vol des récoltes ou autres productions utiles de la terre, déjà détachées du sol, ainsi que des meules de grains faisant partie des récoltes, et le punit d'un emprisonne-

---

(1) Cass., 18 avril 1834.

ment de quinze jours à deux ans, et d'une amende de 16 à 200 francs. L'emprisonnement et l'amende s'élèvent à la durée et au taux fixés par l'art. 401, quand le vol a été commis soit la nuit, soit par plusieurs personnes, soit à l'aide de voitures ou d'animaux de charge.

Il faut, pour que le vol de récoltes tombe sous le coup de l'art. 388, qu'il soit commis dans les champs, et la Cour de cassation a décidé avec raison que si les blés sont sur une aire placée dans un terrain fermé, c'est l'art. 401 qui doit être appliqué (1). A l'époque où cet arrêt a été rendu, la distinction avait de l'intérêt, car l'art. 388 entraînait la peine de la réclusion : elle cessa d'en avoir sous l'empire de la loi de 1824, qui punissait invariablement des peines de l'art. 401 tous les vols commis dans les champs; depuis la loi du 28 avril 1832, l'intérêt est revenu, mais en sens contraire, puisque l'emprisonnement et l'amende sont moins considérables dans l'art. 388 que dans l'art. 401. Ce résultat singulier tient à ce que le législateur de 1810 s'attachait à cette idée, que les objets nécessairement confiés à la foi publique devaient être couverts d'une protection particulière, tandis que celui de 1832 s'est surtout préoccupé du peu d'importance de ces vols et de la facilité attrayante que présente leur exécution. Peut-être eût-il été préférable que la loi de 1832 revînt aux dispositions de 1810; les circonstances atténuantes, dont elle attribuait la déclaration au jury, auraient permis de faire la part de l'indulgence, sans diminuer d'une manière excessive la protection due à la propriété agricole.

(1) Cass., 21 juin 1821.

Lorsque les récoltes ou autres productions de la terre ne sont pas encore détachées du sol avant d'être soustraites, la soustraction constitue une espèce particulière de vol connue sous le nom de maraudage, et qui, en raison de la modicité du préjudice, est classée parmi les contraventions et n'entraîne qu'une amende de 6 à 10 fr., aux termes de l'art. 475, n° 15. Mais le maraudage devient un délit lorsqu'il se fait « soit avec des sacs, paniers ou autres objets équivalents, soit la nuit, soit à l'aide de voitures ou d'animaux de charge, soit par plusieurs personnes. » Dans ce cas, l'art. 388, 5e alinéa, prononce la même peine que pour le vol de récoltes commis sans les circonstances énoncées au 4e alinéa. On s'est demandé si, lorsque ce vol était opéré dans un lieu dépendant d'une maison habitée et non dans les champs, notre article devait recevoir son application, et l'affirmative se fonde sur ce que le texte ne dit pas, comme dans les alinéas précédents, que le vol ait lieu dans les champs; mais la Cour de cassation a décidé, et suivant nous avec raison, que le maraudage ne peut être commis que dans les champs, et que l'enlèvement de fruits adhérents à leurs racines, s'il a lieu dans les dépendances d'une habitation, constitue un vol ordinaire (1).

Les délits divers que réprime l'art. 388 peuvent tous, aux termes de la dernière disposition de cet article, entraîner contre leurs auteurs, si les tribunaux jugent à propos de les appliquer, les peines accessoires de la privation des droits mentionnés en l'art. 42, et de la surveillance de la haute police.

(1) Cass., 13 juillet 1840.

L'art. 389 punit de la réclusion celui qui, pour commettre un vol, aura enlevé ou déplacé des bornes servant de séparation aux propriétés. Ainsi, ce fait, qui d'ordinaire est un délit ne donnant lieu qu'à un emprisonnement d'un mois à un an (art. 456), devient un crime lorsqu'il aura été consommé dans le but de faciliter un vol. MM. Faustin-Hélie et Chauveau (1) concluent de là que l'enlèvement des bornes est une circonstance aggravante du vol, en changeant le caractère et lui imprimant la qualification de crime. Cette doctrine nous paraît erronée : l'art. 389 prévoit un fait né à l'occasion d'un vol et pour le faciliter, mais qui cependant est un fait distinct et séparé. Notre opinion a des conséquences importantes, non-seulement parce que l'auteur du vol et de l'enlèvement des bornes devra être poursuivi pour chacun de ces actes, mais encore parce que le complice du vol, qui ne sera pas complice de l'enlèvement, ne pourra pas être puni de la réclusion, mais seulement des peines portées en l'art. 388. Il en serait autrement dans le système des auteurs dont nous critiquons la décision.

D'un autre côté, M. Carnot soutient (2) que si l'enlèvement ou le déplacement des bornes n'a eu pour but qu'un vol de fruits non détachés du sol, l'art. 389 ne sera pas applicable, les vols de cette espèce n'étant que des maraudages. Cette opinion ne nous semble pas admissible : le maraudage est un vol véritable, que l'art. 388 appelle de ce nom et punit comme tel, et on ne saurait restreindre la portée de l'art. 389 qui ne fait et n'autorise aucune distinction.

---

(1) Théorie du Code pénal v, p. 168.
(2) Commentaire du Code pénal, II, p. 328.

Le mot *bornes*, qui comprenait dans l'ancien droit les haies, les fossés, et en général tout ce qui sert à séparer des héritages, a, dans la législation actuelle, un sens beaucoup moins étendu. Nous croyons donc que l'art. 389 ne peut être invoqué contre ceux qui ont déplacé des haies ou autres marques de limitation. Le silence de notre article est d'autant plus significatif que l'art. 456 énumère les autres objets pouvant servir au même usage. Ajoutons que le déplacement des bornes étant plus difficile à reconnaître et ne laissant pas de traces, il n'est pas étonnant qu'il ait attiré plus spécialement l'attention du législateur.

SECTION II.

Des vols qualifiés.

Les vols qualifiés sont des crimes que la loi punit, tantôt des travaux forcés à perpétuité, tantôt des travaux forcés à temps, tantôt enfin de la réclusion. Avant d'étudier dans ses détails le système répressif du Code, il convient de l'envisager dans son ensemble.

Sont punis des travaux forcés à perpétuité :

1° Les vols commis avec la réunion des cinq circonstances mentionnées dans l'art. 381 ;

2° Les vols commis avec une seule de ces circonstances, la violence, si cette violence a laissé des traces de blessures ou de contusions (art. 382-2°);

3° Les vols commis sur des chemins publics, avec deux des circonstances prévues par l'art. 381 (art. 383-1°).

Sont punis des travaux forcés à temps :

1° Les vols commis avec violence, lorsque la violence n'a pas laissé de traces (art. 382-1°, 385, 400-1°);

2° Les vols commis sur des chemins publics, avec une seule des trois premières circonstances de l'art. 381 (art. 383-2°);

3° Les vols commis à l'aide d'un des moyens formant la quatrième circonstance de l'art. 381 (art. 384);

4° Les vols commis avec la réunion des trois premières circonstances de l'art. 381 (art. 385);

5° Les soustractions commises dans des archives, greffes, dépôts publics, par les dépositaires (art. 255).

Sont punis de la réclusion :

1° Les vols commis sur des chemins publics (art. 383-3°);

2° Les vols commis la nuit et par plusieurs personnes (art. 386-1°);

3° Les vols commis, soit la nuit, soit par plusieurs personnes, dans une maison habitée ou dans un édifice consacré au culte (art. 386-1°);

4° Les vols dont l'auteur ou l'un des auteurs est porteur d'armes apparentes ou cachées (art. 386-2°);

5° Les vols domestiques (art. 386-3°);

6° Les vols commis par des aubergistes, hôteliers, voituriers ou bateliers (art. 386-4°);

7° Les soustractions commises dans des archives, greffes ou dépôts publics (art. 255).

La pensée de la loi a été de mesurer les sévérités, tantôt sur l'audace et la perversité des coupables, tantôt sur les dangers que leurs actes peuvent faire courir, tantôt sur les relations d'une confiance nécessaire qui existent entre eux et leurs victimes. Les vols passent de la catégorie des délits dans celle des crimes à raison, soit de la qualité de leurs auteurs, soit du temps où ils ont été commis, soit du lieu, soit enfin des circonstances qui ont accompagné leur exécution. Tous les vols qualifiés que nous venons d'énumérer renferment un ou plusieurs de ces éléments d'aggravation.

§ 1er. — Vols qualifiés à raison de la qualité de l'agent.

La qualité de l'agent devient une circonstance aggravante, lorsque soit les relations habituelles que l'on a avec lui, soit la nécessité d'avoir recours à ses services, rendent la confiance nécessaire et la surveillance difficile. C'est pourquoi l'art. 386 punit de la réclusion les vols commis par des domestiques ou hommes de service à gages, par des ouvriers, compagnons ou apprentis, par des individus travaillant habituellement dans l'habitation où ils auront volé, enfin par des aubergistes, hôteliers, voituriers, bateliers ou leurs préposés.

1° *Vols par domestiques ou hommes de service à gages.* —Les vols domestiques étaient réprimés par l'ancienne législation avec une extrême sévérité. La peine de mort, prononcée contre eux par les Établissements de saint Louis, avait été maintenue par l'art. 2 de la déclaration du 4 mars 1724. Le Code pénal de 1791 punissait de huit années de fer les vols commis soit par des domestiques, soit par des individus reçus à titre d'hôtes ou de commensaux. Notre Code est muet sur ceux-ci, et n'a considéré comme cause d'aggravation que les qualités de domestiques ou de salariés : c'est qu'en effet il n'y a pas de confiance nécessaire vis-à-vis d'hôtes et de commensaux qu'on n'est pas obligé de recevoir.

Le vol n'est qualifié vol domestique que lorsqu'il est commis, soit envers le maître, et alors il importe peu qu'il le soit dans la maison du maître ou partout ailleurs, soit envers d'autres personnes, mais seulement lorsqu'elles se trouvent dans la maison du maître, ou lorsque le domestique se trouve chez elles, accompagnant son maître, ou enfin lorsque les objets volés se trouvent dans la maison du maître (1). On comprend que tout ce qui se trouve chez le maître est sous la surveillance du domestique, qui est d'autant plus coupable quand il commet une soustraction. On comprend moins l'aggravation dans l'hypothèse où c'est chez un tiers qu'il soustrait des objets appartenant à ce tiers. Aussi faut-il interpréter strictement cette partie de l'art. 386-3°. Il n'y aura donc qu'un vol simple si le domestique n'accompagne pas son maître dans la maison où il commet le vol; ou si, même étant avec lui, il vole partout ailleurs que chez son maître ou chez un tiers (2). Et nous croyons que la cour de cassation a donné à la loi une interprétation trop large en décidant qu'une soustraction frauduleuse faite par un domestique d'objets qu'il transporte par ordre de son maître, mais dont celui-ci n'est pas propriétaire, rentre dans l'application de l'art. 386 (3).

On entend généralement, par domestiques et hommes de service à gages, non-seulement les serviteurs proprement dits, mais encore les employés, commis, clercs, qui sont payés, soit en recevant la nourriture et le logement,

(1) Cass., 10 janvier 1823; Cass., 7 juin 1832.
(2) Cass., 13 février 1834.
(3) Cass., 9 octobre 1812.

soit à appointements fixes, soit en remises sur les affaires qui leur sont confiées. Cette extension a été vivement critiquée, mais la question a peu d'intérêt dans notre matière; car toutes ces personnes, si elles ne sont pas comprises dans la première disposition de l'art. 386-3°, le sont assurément dans la dernière, qui s'occupe des individus travaillant habituellement dans l'habitation.

2° *Vols par ouvriers, compagnons, ou apprentis.*—A la différence des vols domestiques proprement dits, ces vols ne sont passibles de la réclusion que lorsqu'ils sont commis dans la maison, l'atelier ou le magasin du maître. La loi a considéré que c'est seulement dans le lieu où ils travaillent, que les ouvriers sont investis d'une confiance forcée (1). Il en résulte que l'ouvrier, appelé par son travail dans un atelier, et qui s'introduit dans une autre partie de la maison pour commettre un vol, n'est pas passible des peines de l'art. 386. La cour de cassation l'avait jugé formellement par un arrêt du 16 décembre 1824. Elle a décidé le contraire par un autre arrêt du 29 avril 1830; mais nous croyons que sa première jurisprudence est la seule conforme au texte et à l'esprit de la loi.

3° *Vols par individus travaillant habituellement dans l'habitation.*—Comme les vols par ouvriers, ceux-ci ne tombent sous le coup de l'article 386 qu'autant qu'ils sont commis dans l'endroit servant au travail habituel; et c'est à ce seul point de vue que l'acception plus ou moins large des mots hommes de service à gages peut

---

(1) Cass., 16 décembre 1824; Metz, 12 février 1829; Cass., 11 avril 1822.

présenter de l'intérêt pour la répression des vols commis au dehors.

4° *Vols par aubergistes et hôteliers.*—Punis des galères sous l'ancien droit, et de huit années de fer sous le Code de 1791, les vols commis par les aubergistes et hôteliers sont punis, sous notre législation, comme les vols domestiques. L'ancien article 386 infligeait la même peine à tous les vols commis dans les auberges, que les voleurs fussent des aubergistes ou des voyageurs reçus dans l'hôtellerie. La loi du 25 juin 1824 fit disparaître la circonstance aggravante, quand le voleur était étranger à l'auberge, à moins que ce ne fût un mendiant, un vagabond ou un repris de justice, et la loi du 28 avril 1832 a réduit l'application de l'article 386 au seul cas où c'est par l'hôtelier ou par ses préposés que le vol a été commis.

Il n'est pas nécessaire, pour que la circonstance aggravante existe, que les effets aient été nominativement confiés au maître de l'hôtel; il suffit qu'ils aient été déposés chez lui à ce titre. Et lorsque le voyageur est reparti, oubliant l'objet qu'il avait apporté, l'aubergiste qui se l'approprie frauduleusement commet le crime prévu par notre article (1). Peu importe du reste que le voyageur ait logé dans l'auberge ou qu'il ne s'y soit arrêté que pour prendre un repas (2) : le texte en effet ne distingue pas, et l'aubergiste est aussi coupable dans un cas que dans l'autre.

Mais faut-il étendre à d'autres personnes ce que l'arti-

(1) Cass., 28 oct. 1813.
(2) Cass., 14 février 1812.

cle 386 dit des aubergistes et hôteliers, et faut-il appliquer la peine de la réclusion aux vols commis par des maîtres de maisons garnies, par des traiteurs, des cabaretiers et des cafetiers? Pour les logeurs en garni, il n'y a pas de question : en effet, trois arrêts de cours impériales ayant jugé, contrairement à deux arrêts de la cour de cassation rendus sur la même affaire, que les logeurs n'étaient pas compris dans l'article 386, on s'adressa au conseil d'État, que la loi du 16 septembre 1807 avait investi du pouvoir d'interpréter les lois, et qui se prononça, par un avis du 11 octobre 1811, dans le sens de la cour de cassation. Mais la question reste entière pour les autres personnes que nous avons mentionnées. La cour de cassation a plusieurs fois décidé que les mots hôtellerie et auberge sont, dans l'article 386, des expressions générales qui comprennent tous les endroits où l'on prend repos, logement ou nourriture (1). Nous croyons que ces arrêts ont étendu d'une manière excessive le sens des mots employés par notre texte, et qu'ils ont méconnu ce principe, que l'aggravation de pénalité correspond à l'abus d'une confiance nécessaire qui existe à l'égard de tous ceux qui fournissent le logement et qui ne se rencontre plus vis-à-vis des maisons où on ne s'arrête d'ordinaire que pour y prendre des repas.

Notre article parle du vol par l'hôtelier des choses qui lui sont confiées. Lorsqu'au lieu de déposer ses effets dans une chambre de l'auberge, le voyageur les remet directement à l'aubergiste, il faut convenir que celui-ci, en se les appropriant, commet plutôt un abus de confiance

---

(1) Cass., 1er et 9 avril 1813; Cass., 28 mai 1813.

qu'un véritable vol. Nous avons en effet établi plus haut que la soustraction frauduleuse, qui est un des éléments essentiels du vol, ne peut avoir lieu de la part de celui à qui le propriétaire a remis volontairement l'objet. Est-ce à dire qu'il n'y aura pas lieu dans ce cas d'appliquer l'article 386? Non, le texte est trop formel pour qu'il puisse y avoir doute à cet égard; mais nous devons faire remarquer qu'il y a ici une exception aux principes de la matière, et que la loi punit, comme un vol, un fait qui n'en présente pas tous les caractères.

5° *Vols par voituriers et bateliers.*—Pour ces vols, comme pour ceux dont nous venons de parler, la cause de l'aggravation se trouve dans l'abus d'une confiance nécessaire. Aussi n'hésiterons-nous pas à dire que l'article 386-4° ne serait pas applicable à l'homme qui, ne faisant pas de l'état de voiturier ou de batelier sa profession ordinaire, se serait chargé, par exception, de transporter des marchandises. Le propriétaire n'était nullement obligé de s'adresser à lui; il a à s'imputer la faute d'avoir fait un mauvais choix, et n'a aucune raison pour réclamer une protection spéciale.

L'article 15 de la loi du 10 avril 1825 a déclaré la disposition qui nous occupe applicable, non-seulement aux patrons et gens d'équipage des bâtiments de mer, mais encore aux simples passagers. Il est assez remarquable que cette loi ait infligé une peine plus forte aux passagers d'un navire, peu de temps après que la loi de 1824 avait transformé en simples délits les vols commis par des voyageurs dans des auberges. On a probablement considéré que dans un voyage de mer, tous les objets étaient forcément abandonnés à la foi de tous ceux qui se trouvent sur le bâtiment.

Une espèce de vol particulière aux voituriers et bateliers fait l'objet de l'article 387 : c'est l'altération des vins, liquides et autres marchandises dont le transport leur a été confié. La peine est un emprisonnement d'un mois à un an, et une amende de 16 à 100 francs : mais si l'altération est commise par le mélange de substances malfaisantes, le délit se change en crime et entraîne la réclusion. La loi du 10 avril 1825 a également étendu aux personnes qu'elle désigne l'application de l'article 387.

§ 2. — Vols qualifiés à raison du temps.

Il y a, entre le vol de jour et le vol de nuit, une différence sensible : le vol de nuit suppose chez son auteur une plus grande audace et presque toujours la préméditation : le mystère l'environne, l'obscurité lui sert d'auxiliaire, l'impunité lui est plus facile ; d'un autre côté la surveillance que chacun peut exercer sur les objets qui lui appartiennent devient pendant la nuit, nulle ou du moins incomplète. Cependant notre Code n'a pas fait de la circonstance de nuit, lorsqu'elle est seule, une cause d'aggravation ; il ne lui attribue ce caractère que si d'autres circonstances l'accompagnent : c'est ce qui arrive dans les cas prévus par les art. 381, 382, 383 et 385.

Mais la circonstance de nuit suffit à elle seule pour exempter de toute peine celui qui tue le voleur, en repoussant l'escalade et l'effraction, tandis que si l'homicide avait lieu le jour, il serait seulement excusable.

Cette différence est fondée sur cette double présomption qu'il est plus difficile d'appeler du secours et qu'il y a plus à redouter une agression violente de la part du voleur de nuit (art. 322 et 329).

On est loin d'être d'accord sur ce qu'il faut entendre par la nuit, considérée comme circonstance aggravante du vol. Un auteur (1) dit qu'il faut se reporter à l'art. 1037 du Code de procédure, qui défend de faire des significations ou exécutions avant six heures du matin et après six heures du soir, depuis le 1er octobre jusqu'au 31 mars, avant quatre heures du matin et après neuf heures du soir, depuis le 1er avril jusqu'au 30 septembre ; mais il nous paraît impossible de transporter dans le Code pénal une disposition de procédure, par laquelle le législateur a fixé arbitrairement la durée de la nuit, sans se préoccuper de se mettre parfaitement d'accord avec la vérité physique. M. Carnot pense que la nuit commence dans chaque localité, à l'heure où les habitants sont dans l'usage de rentrer chez eux pour se livrer au repos (2) ; mais c'est là une opinion qui ne se fonde sur aucun texte, et qui donne de la nuit une définition trop singulière pour être adoptée. La cour de cassation, par analogie de l'art. 781 du Code de procédure sur l'exercice de la contrainte par corps, juge que la nuit, dans le sens du Code pénal, comprend l'intervalle qui sépare le coucher et le lever du soleil (3) ; et comme conséquence logique de cette doctrine, deux auteurs qui la soutiennent ensei-

(1) Bourguignon, Jurisprud. des Codes criminels, I, p. 146.
(2) Comment. du Code pénal, II, p. 265.
(3) Cass., 4 juillet 1823 ; Cass., 15 avril 1825.

gnent qu'il importe peu qu'il fasse encore jour au moment de la perpétration du vol (1). Pour nous, qui pensons que pour qu'il fasse nuit, la condition la plus essentielle est qu'il ne fasse pas jour, nous adoptons l'avis de MM. Chauveau et Faustin-Hélie, qui placent la durée de la nuit entre la fin du crépuscule du soir et le commencement de celui du matin, et qui transforment ainsi en question de fait une circonstance qui ne peut avoir que ce caractère, puisque c'est à un fait physique que le Code pénal a évidemment voulu se référer (2).

§ 3. — Vols qualifiés à raison du lieu.

1° *Vols dans des maisons habitées.* — Un vol commis dans une maison habitée ne cesse pas d'être un vol simple : il ne devient un vol qualifié que lorsqu'on s'est introduit dans la maison par effraction, par escalade ou avec de fausses clefs, ou bien lorsqu'il a eu lieu la nuit, ou enfin lorsqu'il y a eu plus d'un voleur. Dans le premier cas, la peine est celle de travaux forcés à temps; dans le second, la peine est celle de la réclusion. Dans les vols commis à l'aide d'effraction, d'escalade ou de fausses clefs, nous verrons plus loin qu'il est indifférent que la maison soit ou ne soit pas habitée. Au contraire, quand un vol est commis la nuit, ou par plusieurs personnes, sans réunion de ces deux circonstances ni adjonction d'aucune autre, il importe de distinguer si la maison

---

(1) Merlin, Rép., v° vol., sect. 2, § 3; Duverger, *Manuel du Juge d'instruction*, I, n° 37.

(2) Théorie du Code pénal, V, p. 137.

est habitée, ou du moins servant à l'habitation : car s'il en est autrement, le fait conserve le caractère d'un simple délit.

L'art. 390 définit ainsi la maison habitée : « Est réputé maison habitée, tout bâtiment, logement, loge, cabane même mobile, qui, sans être actuellement habité, est destiné à l'habitation, et tout ce qui en dépend, comme cours, basses-cours, granges, écuries, édifices qui y sont enfermés, quel qu'en soit l'usage, et quand même ils auraient une clôture particulière dans la clôture ou enceinte générale. » L'article est énonciatif et non limitatif, et la cour de cassation a pu juger avec raison qu'un bateau dans lequel se trouve un logement doit être considéré comme une maison habitée (1), ainsi qu'une étable séparée du reste de la ferme, et dans laquelle couche quelqu'un (2). Le caractère essentiel auquel il faut s'attacher, c'est celui d'un endroit destiné à servir de logement. Ainsi, un magasin militaire, ne contenant que des provisions et n'étant pas affecté à l'habitation d'un gardien, n'est pas une maison habitée (3). Il en est de même d'une voiture publique : car les personnes qui s'y trouvent n'y sont que momentanément et n'y ont pas une demeure (4).

On entend généralement par dépendances d'une maison habitée tout ce qui est attenant à cette maison, et renfermé par une même enceinte. Les vols commis dans

(1) Cass., 8 oct. 1812.
(2) Cass., 4 septembre 1812.
(3) Cass., 9 janvier 1824.
(4) Cass., 7 septembre 1827 ; Cass., 6 mars 1846.

des parcs ou enclos ainsi situés seraient donc censés commis dans les dépendances de la maison. On appelle parc ou enclos, dit l'article 391, « tout terrain environné de fossés, de pieux, de claies, de planches, de haies vives ou sèches, ou de murs de quelque espèce de matériaux que ce soit, quelles que soient la hauteur, la profondeur, la vétusté, la dégradation de ces diverses clôtures, quand il n'y aurait pas de porte fermant à clef ou autrement, ou quand la porte serait à claire-voie et ouverte habituellement. »

Par la même raison « les parcs mobiles, destinés à contenir du bétail dans la campagne, de quelque manière qu'ils soient faits, sont aussi réputés enclos; et lorsqu'ils tiennent aux cabanes mobiles ou autres abris destinés aux gardiens, ils sont réputés dépendants de maison habitée. » (Art. 392).

2° *Vols dans les édifices consacrés aux cultes.* — Ces édifices sont placés par l'art. 386 sur la même ligne que les maisons habitées, et nous n'aurions rien à en dire si nous ne devions pas faire remarquer que cette partie de notre article y a été insérée en 1832. Sous l'ancienne législation, la déclaration du 4 mai 1724 punissait des galères les vols commis dans les églises. Abolie par le Code de 1791, cette pénalité ne fut pas rétablie par le Code pénal de 1810. Vint la restauration, et la cour de cassation, cédant aux idées de l'époque, fit violence à la loi par des arrêts dans lesquels elle jugea que les édifices consacrés aux cultes étaient des maisons habitées (1). Les autres cours résistèrent à une assimilation qui, en

(1) Cass., 23 août et 20 décembre 1821.

matière pénale, était une énormité juridique, et la loi du sacrilége, par ses articles 7 et 11, déclara que les vols commis dans les églises seraient punis comme les vols commis dans des maisons habitées, aussi bien dans le cas de l'art. 381 que dans le cas de l'art. 386. Supprimée comme toutes les autres dispositions de cette loi, par celle du 11 octobre 1830, l'assimilation aux maisons habitées des édifices consacrés aux cultes légalement établis, fut reproduite par la loi du 28 avril 1832, mais seulement dans l'art. 386, et non dans l'art 381.

3° *Vols dans les archives, greffes ou dépôts publics.* — Ce n'est pas dans la section du vol que le Code pénal s'est occupé de ces soustractions, mais bien dans le chapitre consacré aux crimes et délits contre la paix publique. Elles ne sont pas seulement, en effet, une atteinte à la propriété privée; mais, comme le dit l'exposé des motifs, « une violation de la garantie sociale, un attentat contre la foi publique. » L'art. 255 punit ce crime de la réclusion, et, s'il est commis par le dépositaire lui-même, des travaux forcés à temps. La peine sera celle des travaux forcés à temps contre toutes personnes, aux termes de l'article 256, s'il a été accompagné de violence.

On entend par dépôts publics tous les lieux établis par l'autorité pour le dépôt des procédures, papiers, registres et effets, par exemple les bureaux des administrations publiques, les musées, les études de notaires, les bibliothèques publiques.

4° *Vols sur les chemins publics.* — La circonstance que le vol a été commis sur un chemin public, lui donne par elle seule le caractère de crime. On en comprend facilement la raison. Il faut que la sécurité des voyageurs soit garantie par des dispositions sévères ; il faut que des agressions commises dans des endroits isolés, et par conséquent, plus difficiles à repousser, soient réprimées avec rigueur. Aussi croyons-nous que, pour faire sortir de la classe des délits les vols exécutés sur des chemins publics, la loi ne doit pas exiger, comme le faisait le Code de 1791, qu'ils soient accompagnés de violence ; mais nous pensons, d'un autre côté, que l'art. 383, tel qu'il était écrit dans le Code pénal de 1810, allait trop loin, en les punissant des travaux forcés à perpétuité, lors même qu'ils ne présentaient aucune autre circonstance aggravante. L'idée qui avait déterminé le législateur de 1810, et qui nous est révélée par l'exposé des motifs, était que ces sortes de crimes portent toujours un caractère de violence. Aussi, la jurisprudence inclinait-elle à n'appliquer l'art. 383 que quand il y avait eu violence ou tout au moins menace ; mais, en 1818, les chambres réunies de la cour de cassation décidèrent qu'en présence des termes formels de la loi, tout vol commis sur un chemin public entraînait les travaux forcés à perpétuité, et qu'il n'y avait pas lieu de s'arrêter à la déclaration négative du jury sur la violence, dont l'art. 383 n'a fait ni une circonstance du crime qu'il a prévu, ni une condition de la peine qu'il a prononcée (1).

La loi de 1824 permit, par ses articles 7 et 12, de réduire la peine, soit à celle des travaux à temps, soit à celle de la réclusion, lorsque le vol sur chemin public ne présenterait aucune circonstance de nature à en augmenter la gravité, et lorsque les voleurs ne seraient ni des

(1) Cass., 23 juin 1818.

mendiants, ni des vagabonds, ni des repris de justice. Ce principe d'atténuation fut repris, régularisé et complété par la loi modificative du Code pénal : l'atténuation cessa d'être facultative, et on ne permit plus aux juges de prononcer à leur gré l'une des trois peines que prévoyait la loi de 1824. Le nouvel art. 383 régit en effet trois hypothèses bien distinctes : ou le vol commis sur un chemin public ne se trouve aggravé que par le lieu de sa perpétration, et alors il est frappé de la réclusion ; ou il est accompagné de l'une des cinq circonstances de l'art. 381, et alors il entraîne les travaux forcés à temps ; ou enfin deux ou plusieurs de ces circonstances se trouvent réunies, et alors c'est la peine des travaux forcés à perpétuité qui est applicable.

Remarquons que les seules circonstances qu'il faille considérer, pour l'application de l'art. 383, sont celles de l'art. 381, auxquelles il renvoie expressément. Peu importerait donc que le vol commis sur un chemin public le fût par un voiturier, il ne serait punissable que de la réclusion ; car l'art. 381 ne comprend pas, parmi les circonstances aggravantes qu'il énumère, celles qui résultent de la qualité de l'agent.

Le Code n'a pas défini ce qu'il faut entendre par chemin public ; mais il est certain qu'il n'a pas voulu seulement désigner par ce mot les *grands chemins*, les seuls dont l'ancien droit et la législation intermédiaire se fussent occupés au point de vue du vol. L'art. 383 comprend tous les chemins qui sont consacrés à l'usage du public, et sur lesquels tout individu peut librement passer, à toute heure, sans opposition légale de qui que ce soit (1). Cette définition, qui nous est donnée par un arrêt de la cour de cassation, nous semble avoir parfaitement interprété la pensée du législateur.

De ce que l'art. 383 a eu pour but de protéger la sûreté des voyageurs, nous concluons, avec la cour de cassation et la plupart des auteurs, qu'il ne faut pas appliquer cet article aux vols commis soit dans les rues d'une ville, soit même dans les parties d'un chemin public qui sont bordées de maisons (2). Du moment, en effet, que la route n'est plus isolée et qu'il est facile d'appeler du secours, le danger disparait, et le lieu du crime ne doit plus être considéré comme un élément d'aggravation.

§ 4. — Vols qualifiés à raison des circonstances.

1° *Vols par plusieurs personnes.* — Que le concours de plusieurs personnes à un acte criminel en augmente la gravité, c'est ce qui ne saurait être contesté. Les coupables, en effet, se sont concertés; ils ont prémédité leur action, ils se sont partagé les rôles, ils ne reculeront peut-être pas devant la violence pour atteindre leur but, et la victime qui eût pu résister à un malfaiteur ne pourra se défendre contre deux ou trois. Cependant, on a pu voir plus haut, dans le tableau général que nous avons tracé du système répressif du Code, que le vol commis par plusieurs personnes ne devient pas pour cela vol qualifié : pour que cette circonstance soit aggravante, il

---

(1) Cass., 21 février 1828.

(2) Cass., 6 avril 1815; Cass., 4 janvier 1822.

faut qu'elle soit accompagnée de certaines autres qui sont déterminées par les art. 381, 382, 383, 385 et 386-1°.

Mais, pour que cette circonstance puisse être relevée, il faut que plusieurs personnes aient donné au vol une coopération effective; il ne suffit donc pas, pour qu'on puisse appliquer nos articles, que le voleur ait eu des complices; il faut que ces complices soient des coauteurs et que leur participation ait été concomitante au crime et non pas seulement postérieure. Il suit de là qu'un vol ne peut être réputé commis par deux personnes lorsque l'une d'elles ne s'est rendue complice que par recel (1). Dans ce dernier cas, en effet, on peut dire avec vérité qu'une seule personne a accompli la soustraction frauduleuse; le coupable n'avait pas, près de lui, un complice assistant au crime, l'aidant à emporter les objets, faisant le guet pour lui assurer l'impunité, prêt à détourner l'attention du volé ou à assurer, par la violence, le succès de la commune entreprise.

2° *Vol avec port d'armes.* — Quand le voleur est armé, l'effroi qu'il inspire s'accroît, et il est naturel de supposer qu'il ne reculera pas devant l'effusion du sang pour vaincre la résistance qu'il pourra trouver dans l'accomplissement du vol. Aussi cette seule circonstance suffit-elle, aux termes de l'art. 386-2°, pour qu'il y ait lieu d'appliquer la peine de la réclusion. La pénalité s'élève encore lorsque d'autres circonstances se joignent à celle-ci (art. 381, 382, 383, 385). Peu importe, au point de vue de l'art. 386-2°, que le malfaiteur n'ait pas

(1) Cass., 11 septembre 1818.

sorti l'arme de sa poche; le seul fait qu'il en était porteur constitue une aggravation. S'il en avait fait usage, ou s'il avait menacé de s'en servir, le vol s'aggraverait encore de la circonstance de violence.

3° *Vol avec violence.* — De toutes les circonstances aggravantes, la violence est celle que la loi a jugée digne de la répression la plus rigoureuse. Non-seulement, en effet, elle donne au vol le caractère de crime, mais encore elle entraîne toujours au moins la peine des travaux forcés à temps, tandis que le port d'armes, par lui seul, ne comporte que celle de la réclusion. Nous devons signaler ici une inconséquence qui serait difficile à comprendre, si on n'en avait pas l'explication historique. L'art. 385 prononce la peine des travaux forcés à temps contre tout individu coupable de vol commis avec violence, lorsqu'elle n'aura laissé aucune trace de blessure ou de contusion, et qu'elle ne sera accompagnée d'aucune autre circonstance, et l'art. 382-1° fixe la même peine dans le cas de vol commis avec violence, et, de plus, avec deux des quatre premières circonstances de l'art. 381. Cela vient de ce que la réforme de 1832 n'a pas été complète. On a remplacé par la peine des travaux forcés à perpétuité la peine de mort, que l'art. 381 du Code de 1810 avait établie; on a baissé d'un degré la peine des travaux forcés à perpétuité, que portait l'ancien art. 382, et on a laissé sans modification l'art. 385. Il suit de là qu'il est aujourd'hui indifférent, quand un vol a été commis avec violence, que cette circonstance soit isolée ou qu'elle coïncide avec deux de celles qui sont mentionnées dans l'art. 381.

Mais il y a encore de l'intérêt à examiner si la violence

coïncide avec d'autres circonstances dans deux cas : elle entraîne, en effet, la peine des travaux forcés à perpétuité : 1° quand elle est accompagnée des quatre premières circonstances de l'art. 381; 2° quand elle est accompagnée d'une seule de ces circonstances, mais lorsqu'en outre le vol est commis sur un chemin public (art. 383-1°). La peine des travaux forcés perpétuels est encore applicable, sans aucune autre condition, quand la violence a laissé des traces de blessures ou de contusions (art. 382-2°).

Pour que la circonstance de violence puisse être relevée, faut-il qu'elle ait été employée pour assurer l'exécution du vol, ou suffit-il qu'elle l'ait été pour assurer la fuite du voleur? MM. Chauveau et Faustin-Hélie (1) croient qu'il est nécessaire que la violence ait accompagné la perpétration du crime. Nous ne pouvons adopter cette opinion, qui nous semble fondée sur une interprétation subtile de la loi. Sans doute, ainsi que le font observer ces auteurs, le Code parle du vol commis à l'aide de violence; mais, bien que le délit soit consommé par la seule soustraction, n'est-il pas évident que la fuite du coupable, et les moyens qu'il prend pour l'assurer, sont des circonstances nécessaires et indispensables du délit, faisant corps, en quelque sorte, avec lui? Nous considérons en conséquence la violence commise dans la fuite comme une violence commise dans le vol, et nous pensons que tel est l'esprit de la loi (2).

L'article 400 prévoit une espèce particulière de vols

---

(1) Théorie du Code pénal, v, p. 212.

(2) *Sic*, Legraverend, II, p. 129. Cass., 18 décembre 1812.

commis avec violence, et qu'il punit des travaux forcés à temps : c'est le cas où on a extorqué de cette manière « la signature ou la remise d'un écrit, d'un acte, d'un titre, d'une pièce quelconque contenant ou opérant obligation, disposition ou décharge. » Le crime d'extorsion constitue un vol *sui generis*, mais un véritable vol. Il a, en effet, pour but la soustraction frauduleuse d'une chose appartenant à autrui. Aussi l'art. 400 ne doit-il s'appliquer qu'autant que les actes qu'on s'est fait remettre sont de nature à opérer obligation, disposition ou décharge, et non pas, par exemple, quand ils ne contiennent que des déclarations compromettant non la fortune, mais la réputation et l'honneur du signataire. Peu importe d'ailleurs que les écrits extorqués renferment des nullités de forme. Si l'on peut soutenir que dans ce cas le crime n'est pas accompli, à tout le moins on verra là une tentative n'ayant manqué son effet que par une circonstance indépendante de la volonté de son auteur.

4° *Vol avec effraction.* — Il ne nous reste plus à étudier que les quatre circonstances qui sont relevées dans l'art. 381-4°, et qui ont ce caractère commun, qu'elles ont pour but de faciliter au voleur les moyens de s'introduire dans le lieu où il veut commettre le vol. Aux termes de l'art. 384, tout individu coupable d'un vol commis à l'aide de un de ces moyens, sera puni de la peine des travaux forcés à temps.

L'art. 393 définit ainsi l'effraction : « Est qualifié effraction tout forcement, rupture, dégradation, démolition, enlèvement de murs, toits, planchers, portes, fenêtres, serrures, cadenas ou autres ustensiles ou instruments servant à fermer ou à empêcher le passage, et de toute espèce de clôture, quelle qu'elle soit. » L'effraction suppose donc l'emploi de moyens violents pour triompher d'un obstacle qui menace d'arrêter le voleur.

L'effraction est extérieure ou intérieure. Elle est extérieure, quand on l'emploie pour s'introduire « dans les maisons, cours, basses-cours, enclos ou dépendances, ou dans les appartements ou logements particuliers » (art. 395). Elle est intérieure quand on l'emploie pour ouvrir les portes et clôtures du dedans, les armoires ou autres meubles fermés; et on assimile à l'effraction le simple enlèvement des caisses, boites, ballots sous toile et corde, et autres meubles fermés qui contiennent des effets quelconques, bien que l'effraction n'ait pas été faite sur le lieu (art. 396).

La cour de cassation a donné à l'art. 396 une extension qui nous paraît abusive. Revenant sur sa jurisprudence antérieure, cette cour a décidé, par un arrêt du 14 décembre 1839, qu'il devait s'appliquer même au cas où les meubles volés n'avaient pas été fracturés après l'enlèvement (1). Nous n'hésitons pas à nous associer aux reproches que plusieurs auteurs adressent à cet arrêt. Les termes de l'article prouvent que, s'il est indifférent que l'effraction se soit faite sur les lieux ou ailleurs, il est nécessaire qu'elle ait été opérée pour que la circonstance aggravante existe.

Pour que les art. 381 et 384 soient applicables, il faut que l'effraction, soit extérieure, soit intérieure, ait lieu,

(1) Par un arrêt du 9 septembre 1852, qui ne juge pas directement la question, la cour de cassation semble cependant abandonner implicitement cette doctrine.

soit dans une maison habitée, soit dans un parc ou un enclos. Ainsi, le vol d'une boite fermée dans une voiture ne serait puni que des peines de l'art. 401 (1).

Merlin décide qu'il y a vol avec effraction, lorsque l'effraction a été faite, non pour s'introduire dans la maison, mais seulement pour en sortir après le vol commis. Nous ne sommes pas de cet avis, et nous ne croyons pas nous mettre ici en contradiction avec ce que nous avons décidé plus haut, pour le vol avec violence. Si nous avons admis en effet que la violence commise par le voleur qui s'enfuit devait être considérée comme un élément d'aggravation, c'est que nous avons vu là un péril sérieux pour la victime du vol. Lors, au contraire, que le voleur s'est introduit dans la maison par une porte ouverte, peut-on considérer son action comme plus criminelle, parce que la porte ayant été refermée, il l'aura fracturée pour s'enfuir? Nous ne le pensons pas, et nous ne voyons dans ce fait, ni l'indice d'une perversité plus grande, ni une menace pour la sécurité publique : il ne tomberait donc pas sous le coup de l'art. 384.

5° *Vol avec escalade.* — L'escalade est toujours extérieure; l'art. 397 la définit ainsi : « Toute entrée dans les maisons, bâtiments, cours, basses-cours, édifices quelconques, jardins, parcs et enclos, exécutée par-dessus les murs, portes, toitures ou toute autre clôture. » Si donc un voleur s'est introduit sans ce moyen dans l'intérieur d'une maison, le fait qu'il franchira ensuite les clôtures intérieures ne constituera pas une escalade (2). Mais il

(1) Cass., 19 janvier 1816.

(2) Cass., 13 mai 1826; Cass., 14 septembre 1843; Cass., 12 août 1852.

importe peu que, pour franchir les clôtures extérieures, le coupable se soit servi d'échelles ou autres instruments, ou qu'il les ait enjambées sans aucune aide. L'escalade existe du moment qu'on a choisi un mode d'introduction qui n'est pas ordinaire, et qui indique chez celui qui l'a employé une intention criminelle (1).

Est assimilée à l'escalade, et constitue comme elle une circonstance aggravante, l'entrée par une ouverture souterraine autre que celle qui a été établie pour servir d'entrée (art. 397).

6° *Vol avec fausses clefs.*—L'usage de fausses clefs, soit pour s'introduire dans une maison, soit pour ouvrir un meuble qui se trouve dans l'intérieur de cette maison, constitue une circonstance aggravante du vol. Mais on n'est pas d'accord sur ce qu'il faut entendre par fausses clefs. « Sont qualifiées fausses clefs, dit l'art. 398, tous crochets, rossignols, passe-partout, clefs imitées, contrefaites, altérées, ou qui n'ont pas été destinées par le propriétaire, locataire, aubergiste ou logeur, aux serrures, cadenas, ou autres fermetures quelconques auxquelles le coupable les aura employées. » La cour de cassation se croit autorisée par cet article à décider qu'il y a vol avec fausses clefs dans le fait d'un homme qui, ayant soit trouvé, soit soustrait la clef d'une porte, s'en sert pour ouvrir cette porte (2). Le motif qui se trouve reproduit dans les nombreux arrêts rendus sur cette question, est que la destination originaire d'une clef ne peut être

---

(1) Cass., 26 déc. 1807 ; Cass., 7 novembre 1811 ; Cass., 18 juin 1813.
(2) Cass., 17 mai 1836 ; Cass., 16 décembre 1825 ; Cass., 27 avril 1855,

réputée avoir continué d'exister, lorsque cette clef a été égarée, perdue ou soustraite depuis un temps plus ou moins long, et que le propriétaire à qui elle manque a été placé dans la nécessité de la remplacer. Mais une pareille assimilation nous paraît trop contraire au texte de l'article pour que nous puissions l'adopter. La clef que le propriétaire a fait faire pour l'adapter à sa porte a été destinée par lui à ouvrir cette porte : si l'on admettait que cette destination doit cesser par la perte de la clef, il faudrait dire qu'elle cesse au moment même de cette perte; et la jurisprudence reconnait elle-même qu'il faut un certain temps avant que cet effet se produise. C'est donc une extension arbitraire de la loi : et il nous suffit de nous souvenir que nous sommes en matière pénale pour la condamner. Nous ajoutons, au point de vue de la moralité, qu'il est beaucoup moins grave de pénétrer dans une maison avec une clef trouvée, que de fabriquer ou de faire fabriquer une fausse clef, circonstance qui prouve la préméditation du vol.

7° *Vol commis à l'aide d'un faux titre, d'un faux costume, ou en alléguant un faux ordre.*—Un individu qui, pour commettre un vol, s'introduit dans une maison en prenant le titre ou le costume d'un fonctionnaire civil ou militaire, ou en disant qu'il est porteur d'un ordre de l'autorité, est placé par la loi sur la même ligne que le voleur avec effraction, escalade et fausses clefs. Nous devons présenter deux observations sur cette circonstance. La première est qu'elle n'existe qu'autant qu'on s'est introduit de cette manière dans une maison habitée ou dans des lieux en dépendants; ceci résulte du contexte de l'art. 381-4°. La seconde est que l'article ne s'appliquerait pas, quoi qu'en ait dit M. Carnot (1), si le voleur avait réellement le droit de prendre le titre ou le costume sous lequel il s'est présenté.

CHAPITRE III.

DE CERTAINES CONSÉQUENCES DU VOL AU POINT DE VUE DU DROIT CIVIL.

Nous n'avons pas admis dans notre législation le principe romain d'après lequel la chose volée ne pouvait être acquise par usucapion, la propriété demeurant fixée sur la personne du volé jusqu'à ce qu'il fût rentré en possession. Mais le Code civil contient néanmoins des dispositions qui protégent, dans une juste limite, le droit du propriétaire.

L'art. 2279 énonce cette règle générale, qu'*en fait de meubles possession vaut titre*. Il n'en résulte pas, quoi qu'en aient dit certains auteurs, et notamment M. Delvincourt (2), que le possesseur d'un meuble ne puisse jamais être inquiété. Nous pensons avec M. Troplong (3), que cet article ne pose une présomption *juris et de jure* que lorsqu'il s'agit d'un tiers possesseur de bonne foi, et non pas lorsque le détenteur tient l'objet directement du propriétaire, par exemple, lorsqu'il l'a acheté et n'en a pas payé le prix, ou quand il le possède à titre de prêt, de dépôt ou de location. Mais le tiers possesseur devient

---

(1) Commentaire du Code pénal, II, p. 267.
(2) II. p. 843.
(3) *De la Prescription*, II, nos 1043 et suiv.

assurément propriétaire à l'instant même où sa possession commence, et c'est par une erreur évidente que Toullier, renversant de fond en comble la théorie du Code, et s'inspirant du droit de Justinien, a enseigné que le tiers possesseur n'est à l'abri de la revendication qu'autant qu'il possède la chose de bonne foi depuis trois ans (1).

La règle, qu'en fait de meubles possession vaut titre, cesse de s'appliquer quand il s'agit d'un objet volé ou perdu. Le propriétaire peut, pendant trois ans à partir du jour du vol, revendiquer la chose contre celui dans la main duquel il la trouve. La loi s'est inspirée de cette double idée, que le vol est un cas fortuit qui ne suppose chez celui qui en est victime ni faute ni négligence, et que le voleur trouvera moins facilement à se défaire de l'objet volé, l'acquéreur ayant intérêt à rechercher la moralité de celui avec qui il traite, et à s'enquérir de l'origine de sa possession (2). Cette revendication aura lieu sans que le propriétaire soit tenu de rembourser le prix payé par l'acquéreur, et celui-ci n'aura d'autre ressource que de recourir, soit contre le voleur, soit, si la chose avait déjà passé par plusieurs mains, contre son vendeur immédiat.

Mais il est certains cas où l'acquéreur n'a rien à se reprocher, et où il est traité plus favorablement par la loi. C'est ce qui arrive quand il a acheté l'objet dans une foire ou dans un marché, ou dans une vente publique, ou d'un marchand vendant des choses pareilles. Dans

---

(1) XIV, n°s 104 et suiv.
(2) Voy. Aix, 17 mai 1859.

une vente publique, en effet, les affaires se font au grand jour, et il ne peut s'élever aucun soupçon de mauvaise foi; et si je m'adresse à un marchand pour acheter des choses dont il fait son commerce habituel, je dois croire que l'origine de sa possession est légitime. Aussi l'article 2280 corrige-t-il ce que la disposition de l'article précédent aurait de trop rigoureux. Le propriétaire conserve, il est vrai, son droit de revendication, mais il ne peut l'exercer qu'en remboursant au possesseur le montant de ses débours, sauf à se faire lui-même indemniser par le voleur.

L'art. 2280 ne parle que du possesseur actuel de la chose volée, qui l'a achetée dans les circonstances qui y sont énoncées. Faut-il en conclure que ce possesseur ne pourra exiger du propriétaire son remboursement, si, au lieu d'avoir acheté directement dans une foire, il avait acheté d'un tiers qui s'était lui-même rendu acquéreur dans les conditions de notre article? Nous ne le pensons pas; car en s'attachant ici à la lettre de la loi, on irait directement contre son esprit et on arriverait à un résultat qu'elle a voulu empêcher. En effet, le tiers acquéreur, s'il n'était pas indemnisé par le propriétaire, aurait évidemment le droit d'attaquer son vendeur, en vertu de la garantie qui lui est due; et ce vendeur, qui se trouve protégé par l'art. 2280, souffrirait en définitive un préjudice.

On s'est demandé si les art. 2279 et 2280 devaient s'appliquer à l'abus de confiance et à l'escroquerie. Plusieurs auteurs, et parmi eux M. Troplong (1), font une

---

(1) *De la Prescription*, II, nos 1069 et 1070.

distinction: ils n'admettent pas la revendication dans le premier cas, et ils l'autorisent dans le second. Ils se fondent sur ce motif, que celui qui remet sa chose à un tiers, sous l'influence de manœuvres frauduleuses, ne donne pas un consentement véritable, tandis que l'abus de confiance suppose chez celui qui le commet une possession antérieure et obtenue par la volonté du propriétaire. Le raisonnement est juste, quand on apprécie au point de vue pénal la gravité des deux délits; mais il nous paraît sans portée au point de vue de la revendication. Nous croyons avec la Cour de cassation (1), que les art. 2279 et 2280 ne se sont occupés que des objets volés, et qu'il ne faut pas en étendre les dispositions. Une raison qui nous semble déterminante, c'est que la revendication des meubles n'est admise que par exception, et qu'en dehors des termes précis de cette exception, il faut s'en tenir à la règle générale.

Trois ans après le jour du vol, le possesseur de bonne foi est définitivement propriétaire, non en vertu de son acquisition, mais en vertu de la prescription. Mais il est bien certain que cette prescription de trois ans ne pourra être invoquée ni par le possesseur de mauvaise foi ni par le voleur; ces personnes ne pourront prescrire que par trente ans.

On a soutenu cependant que le voleur serait recevable à opposer la prescription au bout de trois ans, s'il a commis un vol simple; au bout de dix ans, s'il a commis un vol qualifié. Mais cette doctrine repose sur une confusion, et sur une fausse interprétation des art. 637 et 638 du

(1) Cass., 20 mai 1835.

Code d'Instruction criminelle. Ces deux articles disent en effet, que l'action publique et l'action civile résultant d'un crime ou d'un délit se prescrivent par dix ou trois années. On serait fondé à les invoquer, si le propriétaire qui réclame les objets volés puisait son droit dans le fait délictueux ; mais il n'en est rien. Il n'exerce pas une action civile résultant du délit, mais une action en revendication résultant de son droit de propriété. Il ne pourra pas, il est vrai, se prévaloir du vol commis à son préjudice et qui, aux yeux des juges, est inexistant lorsqu' il est prescrit ; mais, s'il peut établir d'une manière quelconque la mauvaise foi du détenteur, il triomphera dans l'instance civile, sans que les art. 637 et 638 du Code d'instruction criminelle puissent fournir une exception qui lui soit opposable.

Chez nous, comme en droit romain, le voleur est considéré comme étant toujours en demeure ; aussi l'article 1302, *in fine*, du Code Napoléon, dit-il que « de quelque manière que la chose volée ait péri ou ait été perdue, sa perte ne dispense pas celui qui l'a soustraite de la restitution du prix. » Vainement le voleur prouverait-il que la chose a péri sans sa faute et par cas fortuit ; vainement même prouverait-il qu'elle aurait également péri chez le propriétaire. Cette dernière solution est pourtant contestée, et de graves autorités la combattent en se fondant sur ce que admettre, dans ce dernier cas, le propriétaire à réclamer le prix, ce serait violer ce principe que *nul ne peut s'enrichir aux dépens d'autrui*. Mais nous pensons que les termes de l'art. 1302, *in fine*, sont trop formels pour qu'il soit permis de faire une distinction. Le Code a voulu que le voleur fût, par le fait même de son délit, chargé des cas fortuits, comme tout autre débiteur aurait pu l'être en vertu d'une convention particulière prévue par le 2e alinéa de l'art. 1302. Nous ajouterons que Pothier, dont les idées se trouvent reproduites par l'art. 1302, tranchait la question dans notre sens. « On n'entre point, dit-il (1), dans la discussion de savoir si la chose serait périe également chez le créancier, à l'égard de la restitution des choses dues par ceux qui les ont volées ou ravies; ils sont tenus indistinctement du prix de la chose, lorsqu'elle est périe entre leurs mains. »

Comme la disposition finale de l'art. 1302 est rigoureuse et exceptionnelle, il faut l'interpréter strictement, et nous ne pouvons admettre, avec MM. Massé et Vergé, que les héritiers du voleur soient tenus de rembourser le prix, lors même qu'il est établi que la chose aurait également péri chez le propriétaire. L'art. 1302, en effet, ne parle que de celui qui a opéré la soustraction. Nous pensons aussi que le voleur lui-même serait libéré, si la perte survenait après l'offre par lui faite régulièrement au propriétaire de restituer. Nous nous rappelons que la loi romaine le décidait ainsi dans cette hypothèse.

Nous avons établi, dans notre chapitre Ier, que le vol commis par un cohéritier était punissable, à la différence de celui que commettrait un conjoint au préjudice de son conjoint ou de la succession de ce dernier. Les art. 792, 801, 1460 et 1477 du Code Napoléon déterminent les conséquences civiles de ces actes, qu'ils appellent divertissement ou recel. L'héritier qui a diverti ou recelé des

---

(1) Traité des Obligations, n° 664.

effets d'une succession est déchu de la faculté d'y renoncer, ainsi que du bénéfice d'inventaire; il est, en outre, privé de sa part dans ces effets. Quant à la veuve, elle est déclarée commune, nonobstant sa renonciation : l'époux recéleur est, en outre, dépouillé de sa portion dans les objets recélés.

Si l'héritier avait renoncé à la succession avant le divertissement, sa renonciation sera-t-elle révoquée? Il faut distinguer : elle sera révoquée si aucun autre héritier ne s'est présenté pour accepter la succession, mais elle ne le sera pas dans le cas contraire; autrement, l'acte coupable qu'il aurait commis lui donnerait le droit de revenir sur une renonciation dont il se repentirait.

Que faut-il décider si c'est la veuve qui divertit des objets appartenant à la communauté, après qu'elle y a renoncé? Des auteurs ont soutenu, en se fondant sur la rédaction ambigue de l'art. 1460, que la renonciation serait révoquée. Toullier et M. Troplong estiment qu'il en sera ainsi, lorsque les circonstances établiront que la renonciation n'a eu pour but que de faciliter le détournement; mais nous croyons, et c'est l'opinion la plus générale, que la renonciation sera maintenue. Telle était la règle ordinaire dans l'ancien droit, règle d'autant plus facile à justifier que le divertissement postérieur à la renonciation nous paraît constituer un véritable vol (sauf ce que nous avons dit en expliquant l'art. 380 du Code pénal), beaucoup plus qu'une immixtion dans la communauté, à laquelle la femme est devenue étrangère par sa renonciation.

On décide communément que le divertissement et le recel ont pour résultat de priver le conjoint ou l'héritier, non-seulement de sa part comme commun en biens ou comme successible, mais encore de la part à laquelle il pourrait prétendre comme donataire ou légataire. On peut objecter à cette décision que les art. 792 et 1477 ne l'autorisent pas formellement, et que la nature exceptionnelle de ces dispositions ne permet pas de les étendre; mais il faut convenir que l'opinion contraire choquerait l'équité, en établissant une distinction que rien ne justifie.

Aux termes des art. 461 et 776 du Code Napoléon, toute succession qui échoit à un mineur ne doit être acceptée que sous bénéfice d'inventaire. La plupart des auteurs et des arrêts décident, en conséquence, que l'art. 792 n'est pas applicable à un mineur, dans la partie de sa disposition qui déclare héritier pur et simple l'auteur du détournement. Mais il nous semble que l'art. 1310 du Code est fait précisément pour des hypothèses de ce genre, et que, lorsqu'il dit que le mineur ne sera pas restituable contre les obligations résultant de son délit ou de son quasi-délit, il déroge aux dispositions de la loi qui le placent sous une protection particulière. Nous croyons donc que l'article 792 pourra être invoqué contre lui, dans son entier, et non pas seulement en ce qui touche la privation de part dans l'objet volé. Nous plaçons sur la même ligne que l'héritier mineur, la femme mineure ; son délit l'exposera donc à être déclarée commune, malgré sa renonciation ; l'intention frauduleuse fera disparaître l'intérêt qui s'attache à la minorité : *In delictis non attenditur minor ætas.*

PROPOSITIONS.

DROIT ROMAIN.

I. Le *furtum* n'entraîne pas forcément l'idée de déplacement.

II. La loi 43, § 11, *De furtis*, et la loi 9, § 8, *De acquirendo rerum dominio*, ne sont pas inconciliables.

III. Celui qui, en se donnant pour le procureur du créancier, se fait remettre de l'argent par le débiteur, ne commet pas toujours un vol.

IV. La loi Atinia a étendu au possesseur de bonne foi l'interdiction d'usucaper les choses furtives, que la loi des Douze Tables n'appliquait qu'au voleur et à ses héritiers.

V. Au temps de la jurisprudence classique, le possesseur de bonne foi faisait les fruits siens par la perception.

VI. La complicité *ope* et la complicité *consilio* sont deux faits distincts.

VII. Il n'y a pas antinomie entre la loi 63, *de furtis* et la loi 10, § *ult. de pœnis.*

VIII. La *condictio incerti* peut être exercée par tout possesseur dans la limite de son intérêt.

IX. Le complice *ope* est le seul qui puisse jamais être tenu de la *condictio.*

X. La loi 8, § 1, et la loi 13, *De condictione furtiva*, se concilient avec la loi 2, § 3, *De privatis delictis.*

DROIT FRANÇAIS.

DROIT CRIMINEL.

I. Le fait de s'approprier un objet perdu ne constitue pas un vol.

II. Le vol commis par un cohéritier au préjudice de son cohéritier est punissable.

III. Dans le cas de l'art. 380 du Code pénal, ce n'est pas seulement la pénalité, c'est aussi la criminalité qui disparaît.

IV. Cet art. 380 peut être invoqué par les enfants

adoptifs, mais au regard seulement de ceux qui les ont adoptés.

V. On ne peut appliquer aux maîtres de cabarets et de cafés la disposition de l'art. 386 du Code pénal, sur les aubergistes et hôteliers.

DROIT CIVIL.

I. L'art. 2279 ne s'applique ni à l'abus de confiance, ni à l'escroquerie.

II. Le voleur doit le remboursement du prix de la chose, lors même qu'il offrirait de prouver qu'elle eût également péri chez le propriétaire. — Il en est autrement de ses héritiers.

III. Le voleur ne devient propriétaire des objets volés qu'au bout de trente ans.

IV. L'héritier mineur qui a diverti ou recélé des effets de la succession est considéré comme héritier pur et simple.

V. Le mariage contracté par erreur avec un forçat libéré est valable.

VI. La femme étrangère, légalement divorcée, peut se remarier en France.

VII. On ne peut plus, sous le Code Napoléon, attaquer un testament comme fait *ab irato*.

DROIT DES GENS.

Les tribunaux français, appelés à déclarer exécutoire un jugement rendu entre deux étrangers, n'ont pas à réviser le fond du procès.

Vu par le Président de la Thèse,
BONNIER.

Vu par le Doyen de la Faculté,
C.-A. PELLAT.

Permis d'imprimer :
Le Vice-Recteur de l'Académie,
ARTAUD.

Contraste insuffisant

NF Z 43-120-14

www.ingramcontent.com/pod-product-compliance
Ingram Content Group UK Ltd.
Pitfield, Milton Keynes, MK11 3LW, UK
UKHW021040230726
13926UKWH00004B/1583